창의 사고와 표현

한울출판사

머리말

"창의가 힘이다"

산업시대를 거쳐 21세기 정보화 지식기반 시대를 살아가는 우리들, 우리들에게 무엇보다도 '창의(創意)'가 화두가 되었다. 창의는 기존의 관행에 안주하거나 현재의 방식을 답습하지 않고, 그것들에서 문제를 찾아 해결하거나 아예 새로운 사물을 창조하는 데 요구되는 기획의 에너지이다. 작게는 나의 삶을 경신하고 크게는 인류의 새로운 명운을 개척할 수 있는 동기이다.

돌이켜보면 인간의 삶은 끊임없는 문제의 제기와 그 해결의 연속이었고, 모든 시대 역사의 진전은 모두 창의로 가능하였다. 우리 시대에 창의가 더욱 강조되는 것은 이 시대에 이르러 민주주의와 자본주의, 대학교육과 IT가 난만하게 발전하였기 때문이다. 정보와 지식의 소통이 그 어느 시대보다도 원활해져 누구라도 의지만 있으면 필요한 정보와 지식을 습득할 수 있게 되었다. 하지만 동시에 그 수준을 뛰어넘는 새로운 정보와 지식이 문제로 부각되었다. 기존의 정보와 지식은 기본에 불과하고 이를 뛰어넘는 새로운 정보와 지식이 삶과 일에서 필요하며 이는 창의로써 가능하다. 이제 베이컨의 "아는 것이 힘이다"란 명제는 "창의가 힘이다"란 슬로건으로 바뀌었고, 창의는 더 이상 과거처럼 소수 엘리트들과 특정 장인(匠人)들에게만이 아니라 모든 사람에게 그

규모와 성격을 막론하고 작든 크든 요구되고 있다.

특히 생산활동에서 토지 자본 인력보다도 기술 관련 정보와 지식의 효용이 우선되는 가운데 무한 경쟁으로 각축을 거듭하는 기업들은 늘 업무와 경영방식의 개선을 모색하고 있으며 사원들에게 그 개선과 혁신을 이룰 창의 사고를 요구하고 있다. 우리 대학생들은 시대와 직장의 이러한 요구를 내다보며 미리 준비해야 한다.

우리는 그러한 준비에 나선 대학생들을 위하여, 가능한 한 스스로 창의 사고와 표현을 촉진하고 훈련을 할 수 있도록, 이 책 『창의 사고와 표현』을 편찬하였다.

이 책의 활용에 앞서 여러분이 먼저 자각하여야 하는 것은 자기 분야에서 창의를 시도하려면 전공지식만으로는 어렵다는 것이다. 한 분야의 심화에 몰두하는 분과학문의 성격상 그 범주를 초월하는 파격의 발상은 무리다. 근년 들어 인식의 지평을 넓히기 위해 타 분야와의 융복합이 강조되고 있는 것은 바로 이 때문이며, 실제로 경영, 건축, IT기술, 디자인 분야에서 큰 성과를 내고 있기도 하다. 우리는 여러분의 전공과 소통되어 결합되어야 할 분야로 인문학을 지목하며, 관련 영상 이미지와 더불어 문학작품을 그 기본텍스트로 부각하고자 한다. 인문학은 인간 자체를 주제로 하여 철학과 역사와 윤리를 다루는데, 문학작품의 주제와 이야기, 정서와 정황에 그 정수(精髓)가 응집되어 있기 때문이다. 특히 문학작품에는 창의의 바탕인 상상력이 풍성하게 펼쳐져 있으며, 그 정체와 구체가 잘 형상화되어 있다. 또한 창의 사고는 먼저 기존 텍스트를 분석하고 해석하여 문제를 발견하는 데서부터 출발하는데, 문학작품은 설명 위주의 다른 텍스트와 달리 일정한 분석과 해석을 요구하고 있으며, 나아가 자신의 의지와 상상력에 따라 새로운 구성과 쇄신을 시도할 수 있어, 창의 사고와 표현 능력의 계발에 크게 기여할 수 있다고 믿는다.

둘째, 창의에서 효율이 생략될 수 없고 효율이 강조되면서 창의와 효율이 거의 동일시되고 있지만 효율보다 강조되어야 하는 것은 윤리라는 것이다. 효율 때문에 인간을 왜곡하거나 포기할 수 없다. 모든 창의는 휴머니티의 산물이며 휴머니티에 봉사하여야 옳다. 세종대왕의 훈민정음 창제를 상기하자. 이익과 명예 또한 그 다음이고 자연 따라오기 마련이다. 새삼스럽지만 윈도우를 만든 빌 게이츠나 아이폰을 만든 스티브 잡스의 사례를 상기하기 바란다.

셋째, 창의의 이론과 그 발상의 조건을 이해하는 데서만 그쳐서는 안 된다는 것이다. 이해가 여러분의 목적과 이 책의 목적이 아닌 게 자명하다. 개념들을 이해하고 예시로 보완한 다음, 반드시 연습문제들을 직접 다루면서 발상의 난관과 희열을 제대로 체험하기 바란다. 데카르트는 자신의 사고에서 비로소 자신의 존재를 각성하였고("나는 사고한다. 따라서 존재한다."), 파스칼은 사고와 사고의 혼란이 인간의 본질이라고 하지 않았던가("인간은 생각하는 갈대다").

2011년 2월, 안양 수리산 기슭에서 저자들

차례
CONTENTS

제 I 장 창의 사고와 표현이 세상을 바꾼다

제 II 장 해석과 가치 창조

제 III 장 나와 텍스트의 대화

차례
CONTENTS

제 Ⅳ 장 나도 참여하는 세계

제 Ⅴ 장 창의력과 어휘

제 I 장

창의 사고와 표현이 세상을 바꾼다

생각하지 마라. 생각은 창의력의 적이다.
생각하면 남을 의식하게 되고 그러면 일을 그르친다.
생각하지 말고 그냥 하라.
- 레이 브래드버리

먼저 창의를 이끄는 '생각도구'부터 알아보자

창의력이란 무엇인가

수직적 사고와 수평적 사고를 하자

아는 만큼 보이고, 보이는 만큼 안다

좌뇌와 우뇌의 적극적 사용

브레인스토밍

트리즈

먼저 창의를 이끄는 '생각도구'부터 알아보자

루트번스타인은 『생각의 탄생』에서 창조를 이끌어 내는 13가지 '생각도구'의 중요성에 대해 언급하고 있다. 과학자, 수학자, 예술가들은 창조적인 작업을 할 때 '생각도구'라고 부르는 공통된 연장을 사용한다. 또한 상상을 동원하는 모든 사람들은 이 '생각도구'를 가지고 얻어 낸 주관적인 통찰을 객관적으로 표현하기 위해 공식적인 언어로 변환하는 방법을 배운다. 이러한 방법을 통해서 그들의 생각은 다른 사람들의 마음속에 새로운 생각을 불러일으키게 된다. 루트번스타인은 세계 역사에 업적을 남긴 사람들이 활용한 중요한 '생각도구'를 다음과 같이 유형화하였다.

관찰(Observing)

모든 지식은 관찰에서 시작된다. 관찰은 수동적으로 보는 행위와 다르다. 예리한 관찰자들은 모든 종류의 감각정보를 활용하며, 위대한 통찰은 모든 사물에 깃들어 있는 놀라운 아름다움을 감지하는 능력에서 나온다. 만일 우리가 무엇을 주시해야 하는지 어떻게 주시해야 하는지 알지 못한다면, 주의력을 집중시킬 수가 없다. 그러므로 관찰은 의도를 가지고 주목해서 보는 것을 의미한다.

형상화(Imaging)

형상화는 어떤 사물의 모습을 상상 속에서 그려내는 상상력으로, 현상을 그대로 재현(再現)하는 것에서부터 특이한 추상능력, 감각적인 연상에 이르는 것을 통칭한다. 형상화는 시각과 청각을 물론 후각과 미각, 촉각까지 동원해서 이루어지기 때문에 우리는 내면의 눈과 귀, 코, 촉감과 몸의 감각을 사용하여야 한다.

추상화(Abstracting)

추상화는 핵심적 의미를 발견하려고 애쓰는 작업으로, 현실이란 모든 추상의 종합이며, 이 가능성을 알아냄으로써 우리는 현실을 보다 잘 이해할 수 있다. 진정한 의미에서 추상화란 현실에서 출발하되, 불필요한 부분을 지워가면서 사물의 본질을 드러나게 하는 과정이라고 할 수 있다.

패턴인식(Recognizing Pattern)

패턴이란 동기, 사건, 요소, 속성, 현상 등이 반복되는 것을 뜻한다. 우리는 패턴에서 지각과 행위의 일반원칙을 이끌어 내어 이를 예상의 근거로 삼는다. 그런 다음 새로운 관찰결과와 경험을 예상의 틀 안에 끼워 넣는다. 이 관찰과 경험의 틀을 흔드는 무엇인가가 일어나게 될 때 우리는 또 다른 패턴을 발견하게 된다.

패턴형성(Forming Pattern)

패턴형성은 둘 이상의 구조적 요소나 기능적 작용을 결합하는 것을 의미한다. 우리는 경험한 세계를 표현하고, 정의하기 위해 더 많은 패턴을 고안해 내는데, 이로 인해 우리는 더 많은 지식을 소유할 수 있게 된다. 이에 따라 우리의 이해도 더욱 풍요로워진다. 패턴형성기술을 배우는 것은 모든 분야의 교과과정에서 혁신적인 열쇠가 되는데, 그것은 특별한 도구나 다른 사람의 도움 없이도 운동 감각적 패턴과 청각적 패턴 리듬감만을 이용해서 훈련할 수 있다.

유추(Analogizing)

유추란 둘 혹은 그 이상의 복잡한 현상들 사이에서 기능적 유사성이나 일치하는 내적 관련을 알아내는 것을 말한다. 많은 철학자들은 유추가 비논리적이기 때문에 판단을 그르치게 한다고 폄하하기도 하지만, 오히려 유추는 불완전하고 부정확하기 때문에 알려진 것과 알려지지 않은 것 사이의 다리가 될 수 있다. 유추는 기존 지식의 세계에서 새로운 이해의 세계로 도약할 수 있도록 도와준다.

몸으로 생각하기(Body thinking)

우리는 몸을 움직여 어떤 일을 처리하고 난 후에야 그것을 인지할 때가 있다. 또한 지각하지 않은 상태에서의 몸의 느낌을 알게 될 때도 많다. 피아니스트들은 근육이 음표와 소나타를 기억한다고 말한다. 그들은 이 기억을 손가락에 저장한다. 그것은 마치 배우들이 몸의 근육 속에 자세와 몸짓의 기억을 저장하는 것과 같다. 우리가 사고하고 창조하기 위해 근육의 움직임과 긴장, 촉감 등을 떠올릴 때 비로소 '몸의 상상력'이 작용한다. 이때가 "사고하는 것은 느끼는 것이고, 느끼는 것은 사고하는 것"이라는 결론을 자각하는 순간이다.

감정이입(Empathizing)

감정이입은 다른 사람의 몸과 마음을 통해 세계를 지각하는 것이다. 철학자 칼 포퍼(Karl Raimund Popper, 1902~1994)는 새로운 이해를 얻을 수 있는 가장 유용한 방법을 '공감적인 직관' 혹은 '감정이입'이라고 보았는데, 이것은 "문제 속으로 들어가 그 문제의 일부가 되는 것"을 가리킨다. 이러한 감정이입적인 상상력을 촉진시키기 위해서는 연극경험이나 문학적 소양이 도움이 된다. 내가 '나 자신'이 아니라, '스스로 이해하고 싶은 대상'이 될 때 가장 완벽한 이해가 가능하다.

차원적 사고(Dimensional thinking)

차원적 사고는 공간을 입체적으로 사고하는 것을 의미한다. 내과 의사들은 환자들의 몸을 찍은 엑스레이 사진이나 MRI를 판독할 때, 그것을 살아 움직이는 생명체로 환치해 놓고 해석한다고 한다. 추상 미술가들도 마찬가지이다. 이들의 작업방식은 평면작업이 갖고 있는 문제를 명확히 보여준다. 입체파 미술은 3차원 물체가 기지고 있는 다면성과 입체성이 2차원 평면에 묘사될 때 나타나는 한계를 끈질기게 대비시킨다. 이 작품들은 2차원적인 세계의 크기나 색채, 형상이 3차원 세계와 다르게 상호작용하고 있음을 강조한다.

모형 만들기(Modeling)

모형은 보는 사람이 즉각 인식할 수 있도록 실제를 축약하고, 차원을 달리 표현해야 한다. 모형은 실제 혹은 가정(假定)적 실제 상황을 염두에 두고 필요한 규칙과 자료, 절차를 이용하는 시뮬레이션이다. 우리가 정치학이나 역사, 인류학을 배울 때 전투과정이나 건축양식의 혁신, 전통의술의 효능, 경쟁적인 경제활동의 결과물, 종교의식 등의 목적을 실제 물체의 특성을 나타내는 물리적 모형, 물체나 기구의 본질적 작용을 나타내는 기능적 모형, 기본적인 개념을 구현하는 이론적인 모형으로 만들어 배운다면 그 결과는 매우 효과적일 것이다.

놀이(Playing)

놀이에는 분명한 동기나 목적이 없다. 놀이는 성패를 따지지 않으며 결과를 설명해야 할 필요도 없고 의미적으로 수행해야 할 과제도 아니다.

이것은 우리에게 상징화되기 이전의 내면적이고 본능적인 느낌과 정서, 직관, 쾌락을 선사하는데, 바로 그것들로부터 창조적인 통찰이 나온다. 놀이는 우리 자신만의 세계와 인격, 게임과 규칙을 만들게 하여 지식을 변형시키고 새로운 이해를 가능하게 한다.

변형(Transforming)

현실세계에서 창조적 작업을 하기 위해서는 문제를 규정할 때, 그 문제를 조사할 때, 그리고 해답을 이해하기 쉬운 형태로 표현할 때 적합한 생각도구들을 동원할 줄 알아야 한다. 우리는 여러 가지 생각도구를 연속적 혹은 동시에 사용하여 생각도구끼리 영향을 주고받거나 작용하게 하는 것을 가리켜 변형 혹은 변형적 사고라고 부른다.

통합(Synthesizing)

통합적 이해란 감각적 인상과 느낌, 지식과 기억이 다양하면서도 통합적으로 결합되는 것을 의미한다. 생각이라는 행위는 본질적으로 공감각(共感覺)적이다. 미적 감수성의 가장 고급한 형태인 '공감각'은 다양한 방식의 느낌을 높은 수준에서 통합하는 것이다. 상상하면서 분석하고, 화가인 동시에 과학자가 되는 것, 이것이 바로 최고의 상태에 이른 통합적인 사고의 모습이다.

종합지(綜合知, synosia)는 궁극적인 이해의 형태를 만들기 위해 다양한 방식의 앎과 느낌을 가장 높은 수준에서 통합한 것이다. 즉, 공감각의 지적(知的) 확장이라 할 수 있다.

창의력이란 무엇인가

창의 사고는 이전에는 생각해 내지 못했던 혁신적인 의견이나 구체적인 생각을 생산하는 데 초점을 맞추는 사고방식이다. 이는 사물을 다른 시각으로 바라보거나 문제나 논생거리를 한 번 비틀어 생각하도록 두뇌의 일부분을 개발하는 개념이다. 사고란 단순히 생각하기의 과정이다. 따라서 아이디어는 창의력이 없어도 생각해 낼 수 있다. 창의 사고 또는 혁신적 사고는 개인 혹은 그룹이 더 효율적으로 새로운 아이디어를 산출하게 만드는 체계적인 생각하기의 과정이다. 창의 사고를 '확산적 사고(divergent thinking)'라고도 부르는데, 이는 기존의 생각하기 방식에서 확장되어 나온 개념이기 때문이다.

창의 사고와 창의력에 대한 주요한 연구자들의 견해를 살펴보면 다음과 같다.

토렌스 : 당면한 문제를 해결하기 위하여 새롭고 독특한 관점으로 문제를 보는 것

오즈번 : 일상생활에서 발생하는 문제점을 새롭고 독특한 방식으로 해결해 나가는 능력

토렌스의 견해를 기초로 오즈번의 주장에 따라 창의력을 정리하면, 문제 해결을 위해서 '독특한' 관점이나 방식으로 해결하는 능력이 바로 '창의력'이라고 할 수 있겠다.

그렇다면 이와 같은 창의력은 '새롭고 독특한 것'이라고만 판단해야 하는가? 혹은 '엉뚱한 것'이라고 판단해야 하는가? 아이들의 말은 재미있고 엉뚱하다. 하지만 아이들의 말은 논리나 상식이 부족해서 생기는 표현이다.

따라서 올바른 '창의력'이란, '논리'와 '현실성'을 갖추어야 한다. 이때에 비로소 창의적인 아이디어가 될 수 있다.

※ '논리'와 '현실성'을 갖춘 창의적인 아이디어란?
문제점을 발견해서 정보, 지식, 차별성, 유용성 갖춘 창의력으로 해결안을 도출하는 것이다!

수직적 사고와 수평적 사고를 하자

수직적 사고와 수평적 사고의 관계에 대해 살펴보기 위해서 간단한 예시를 보자.

예시) 보물찾기를 한다고 가정하자.

수직적 사고 : 일단 보물을 찾기 위해서는 논리적 연관관계에 근거해 사고하게 된다. "어떻게 해야 보물을 찾을 수 있을까?" 보물을 찾기 위해서 우리는 아래로 깊이 땅을 파기 시작할 것이다. 이러한 행동에는 논리적 비약이 없다. 그러나 보물이 땅을 파는 위치에 있지 않을 수도 있다. 즉, 방향을 잘못 잡았다면 보물을 찾을 가능성은 없다.

수평적 사고 : 논리적 단계 절차를 무시하고, 다른 관점에서 아이디어를

발상하는 상상적 사고를 사용하게 된다. 논리적 비약이 있어도 창의적 아이디어를 창출해서 보물을 찾게 되는 경우가 이에 해당한다. 이 사고는 보물은 땅을 파야만 얻을 수 있다는 단선적인 사고에서 벗어나게 만드는 사고 체계이다.

※ 올바른 문제 해결을 위해서는 "먼저 수직적 사고를 하고 그 뒤에 수평적 사고를 하자."

아는 만큼 보이고, 보이는 만큼 안다

우리의 뇌는 원하는 것만 찾는 습성이 있다. 이런 습성은 우리의 집착, 스트레스, 고정관념과 긴밀하게 연관되어 있다. 늦은 출근길에서 자꾸 빨간색 신호등만 보이거나 취업에 관한 농담에 민감해지는 취업준비생, 결혼 이야기에 얼굴이 붉어지는 노총각, 노처녀 등이 여기에 해당된다. "이상하게 그 사람이 싫다!"는 생각이 지워지지 않을 때, 우리는 눈으로 보는 것이 아니라 무의식으로 보는 것이다.

우리는 대부분 직관 이후에 그것을 설명할 논리를 찾는다. 즉, 논리보다는 직관이 앞선다는 의미이다. 그 예로 "유레카"라고 외쳤던 아르키메데스를 언급할 수 있다. 하지만 직관보다는 치밀한 논리로 문제를 해결하고자 하는 사람들도 있다. 이러한 사람들은 논리 안에서만 사고를 하는데, 그들을 우리는 도그마주의자 혹은 원칙주의자라고 부른다. 우리가 문화유산을 답사할 때 우리를 인솔하는 전문가들이 여기에 속하는 대표적인 부류들이다. 우리는 그들이 안내하는 일정에 따라 움직이면서, 그 전문가들의 사고 안에서 문화유산을 느끼게 되는 것이다.

한 가지 비교 사례를 살펴보자. 하버드의 댄 시몬스 교수는 농구공 패스 회수 세기 실험을 하였다. 그는 실제 농구 경기가 한창인 가운데 농구 경기 관람객들에게 농구공이 오고 가는 패수의 회수를 세게 하였다. 그러면서 농구장 가운데 한 마리의 고릴라를 앉아 있게 하였다. 농구공 패스 회수 세기 실험을 한 전체 관람객은 400명이었는데, 이 400명의 관람객은 실험에 열중한 나머지 대부분이 고릴라를 보지 못했다고 진술했다. 즉 관람객 400명 중 10명만 고릴라를 봤다고 진술한 것이다. 이것은 농구장의 열기와 실험중인 농구공 패스 회수에 기인한 것이기도 하다. 또한 농구장의 산만한 분위기가 작용하기도 했다. 하지만 왜 대다수의 사람들은 고릴라를 보지 못한 것일까? 인간의 사고는 산만하면 집중력이 떨어지는가? 아니면, 우리에게도 듀얼 코어(dual-core)가 필요한 것인가?

※ 창의적 아이디어 생성(이론화)

- 문제를 정의하라.
- 정보를 수집하라.
- 아이디어를 생성하라.
- 아이디어를 검증하고, 수용하라.
- 개념을 파악하라.
- 가설을 정립하라.
- 새로운 패러다임(paradigm)을 확립하라.

※ 창의적 아이디어의 활용(실용화)

- 문제점을 발견하라.
- 창의적 해결책을 제시하라.
- 실용성을 테스트하라.
- 특허를 출원하라.
- 경제성을 테스트하라.

좌뇌와 우뇌의 적극적 사용

좌뇌와 우뇌의 사용은 수평적 사고 및 수직적 사고를 뇌과학의 차원에서 검증하는 것을 뜻한다. 예를 들면 사람들이 도구를 잡는 주요한 손을 통해서 오른손잡이, 왼손잡이, 양손잡이로 구분하는 것과 같다.

인간의 뇌는 좌뇌와 우뇌로 구분된다. 좌뇌와 우뇌의 기능을 살펴보면, 우선 좌뇌는 언어 중추, 논리적· 수직적 · 수렴적 사고, 통제적 · 의식적 긴장, 개선 발전과 같은 부분을 주로 담당한다. 반면 우뇌는 직관, 감각, 표정, 충동적 · 수평적 · 확산적이고, 자유분방하다. 그렇기 때문에 무의식적이며, 이완되기 쉽다. 우뇌는 창조발명에 적극적으로 사용된다.

※ 우뇌 영역은 넓고 좌뇌 영역은 좁다. "좌뇌는 진화의 최신 발명품이다!"

우리는 누구나 한 번은 마음이 편안하고 긴장하지 않으면 보이지 않던 것도 보이게 되는 경험을 한 적이 있다. 예를 들면 초보 운전자의 시야가 그것이다. 초보 운전자는 평소 긴장을 해서 전방만을 주시하게 되는데, 옆자리에 운전을 잘하는 강사나 친구가 동승하면 전방은 물론이고 좌우를 모두 잘 살필 수 있게 된다. 이것은 초보 운전자가 긴장하지 않고 마음이 편안해지면서 좌뇌와 우뇌가 상호 협력을 해서 생긴 결과이다. 따라서 우리가 사고하는 과정에는 좌뇌와 우뇌의 협력이 필요하다. 좌뇌와 우뇌의 협력을 통해서 '판단적 사고'와 '상상적 사고'를 하게 되면, 좌뇌나 우뇌만으로 사고하게 되는 과정에서 생기는 문제점을 해소할 수 있다.

※ 좌뇌와 우뇌를 동시에 사용하면 창의력이 신장된다!

- 문제의 정의(좌뇌)
- 아이디어 도출(우뇌)
- 아이디어 검증(좌뇌)
- 실행계획 수립(좌뇌)
- 실행계획 설득(우뇌)

창의력을 발휘하기 위해서는 우뇌식 사고를 하는 것이 효과적이다. 우뇌를 사용해서 사고를 하는 것은 쉽다. 아무 생각 없이 창밖을 본다거나 목욕이나 반신욕을 하는 것, 공상을 하거나 명상을 하는 것이 여기에 해당된다. 또한 혼자 산을 오르거나, 그림을 그리는 것, 여행을 하거나 잠을 자는 것, 친구와 수다를 떠는 것, 음악을 듣는 것 등이 모두 우뇌를 사용해서 사고하는 사례들이다. 이처럼 우뇌를 사용해서 몸을 이완시키고 편안한 자세로 긴장을 푸는 것이 창의력 향상에 도움을 준다.

실제로 의학계에서는 대체 의학으로 '만다라 응시'를 사용한다. 만다라 응시도 우뇌를 사용하는 사고방식이다. 만다라는 힌두교 요소를 불교에서 수용한 것인데, 이 만다라 응시는 본질을 소유한 것을 뜻한다. 만다라는 깨달음의 경지를 도형화한 것으로 이것의 응시를 통해서 우울증, 불면증, 암 치료를 하고 있으며, 그 효과도 상당한 것으로 알려져 있다.

"낮에 생각한 것이 밤에 보인다"는 중국 속담이 있다. 이는 영감은 우연히 생기는 것이 아니라 노력으로 생기는 것이라는 뜻이다. 우리도 꾸준히 사고하는 노력을 한다면 창의력을 신장시킬 수 있을 것이다.

※ 창의력을 고무시키는 환경을 만들어보자!

- 정신적·육체적으로 편안하자.
- 휴식이 가능해야 한다.
- 집중력을 발휘할 수 있는 곳이 필요하다.
- 지치지 않은 상태가 되자.
- 산만하지 않은 분위기를 조성하자.
- 반대, 조롱 및 비판을 두려워하지 말자.

브레인스토밍

브레인스토밍(Brainstorming)은 창의적인 사고를 촉진하고 특정한 문제처리를 위한 복합적인 아이디어를 생각해 내는 기법 또는 활동을 의미한다. 브레인스토밍은 개인 또는 그룹의 형태로 실행할 수 있고 아이디어가 산출(분석이나 실행이 아니다)되면 종료된다. 사람들은 종종 브레인스토밍 과정을 '수평적 사고(lateral thinking)'라고 부른다. 문제를 다루는 데 있어 체계적인 기법을 사용하지만 때로는 평소와는 다른 다양한 방법을 사용하거나 아직 검증되지 않은 방법을 사용하는 경우도 있기 때문이다.

※ 브레인스토밍을 수행하는 자세
- 독창적인 아이디어를 내고자 노력한다.
- 기존의 아이디어를 필요에 맞게 고친다.
- 불안과 두려움을 없앤다.

발상의 방해자들을 멀리하라

새로운 사고를 방해하는 사상이나 관념을 멀리해야 혁신적인 창의력을 제시할 수 있다. 사대주의, 권위주의, 이질성 배제, 맹목적 믿음, 단순 분류에 대한 맹신, 정보 부족, 자신감 상실, 매너리즘, 관료조직, 획일주의, 일반적인 법칙 등은 우리의 발상을 방해하는 방해자들이다. 우리는 항상 체제 안과 체제 밖, 틀 안과 틀 밖을 고려해야 한다. 패러다임의 전환을 꾀하고 부정의 개념에 대해서도 적극적으로 사고해야 한다. 실패를 두려워하지 않는 도전 정신이 절실히 요구된다. 미지의 대륙을 탐험하는 탐험가들이나 투자를 통해서 이윤을 창출하려는 투자가들은 리스크(risk)를 두려워하지 않는다. "도박이야말로 최선의 투자이다"는 말을 상기하자.

오즈번(Alex F. Osborn)의 브레인스토밍 규칙(기본 원칙)

오즈번의 브레인스토밍 기본 원칙은 아이디어 제시에 집중하는 것이다. 그렇기 때문에 오즈번은 우선 판단을 보류하라고 말한다. 이것이 첫 단계이다. 판단을 보류하면 아이디어 제시에 주력할 수 있다. 다음 단계로 사고는 자유분방해야 한다. 이때는 무엇을 말해도, '바보 같은' 말을 해도 된다. 우리는 스스로 자기규제가 너무 많다. 창조적 사고를 하고 싶다면 자기규제를 벗어버리자. 사고 과정에서는 핵심적인 무엇인가가 필요한 것이 아니다. 질보다 양을 우선하라는 말이다. 우리가 기존에 가지고 있던 양보다는 질이 아니라 '질보다는 양'이 필요한 순간이다. 양질 전환의 법칙을 작용시키자. 이것은 철학에서 말하는 변증법적 사고의 체계와 유사하다. 마지막 단계는 타인의 아이디어를 개선시키는 단계이다. 여기에서는 결합을 통해서 문제점을 보완하면 된다.

오즈번의 브레인스토밍 규칙은 개인이 집단보다 아이디어의 수 등에서 창의력이 높다는 점에서 출발한다. 브레인스토밍을 극대화하기 위해서는 자유로운 개인들로 구성된 집단이 필요하다. 편안한 분위기에서 진행되는 브레인스토밍 회의가 제격이다. 그리고 '응집성' 향상을 위해 친화력이 요구된다. 아이디어는 집단 발상에서 개인 발상을 거쳐서 결국은 집단 토의가 될 때 생산성이 가장 크다. 그 이후에 다른 사람의 아이디어를 변형시킬 수 있어야 한다. 다른 사람의 아이디어를 변형시키는 단계가 지나면 아이디어 평가를 한다. 아이디어 평가를 위한 진행 요건은 구체적 주제를 정하고, 원탁과 같이 대면할 수 있는 장소에서 활동성 있게 시작해야 한다. 아이디어 보드(칠판)를 준비하고 진행자를 선정한다. 이렇게 제반 사항이 마련되면 아이디어를 평가하는데, 이때 주의할 것은 바로 평가하는 것이 아니라 하루 정도의 시간을 두고 평가해야 한다는 점이다.

※ 오즈번의 제안 : "스스로의 '현재'와 다른 경험을 하라!"

- 직업과 무관한 놀이를 하라.
- 명상을 하라.
- 일이 아니라 놀이라 생각하라.
- 일상에서 벗어난 '만약에'를 행하라.

브레인스토밍 활동의 특징

① 생각을 멈추지 않고 일정한 시간 동안 지속적으로 전개하여 떠오르는 내용을 단어 형태로 적는다.

② 떠오른 내용을 비판하거나 어떤 격식에 맞는지 점검하지 않는다. 특히, 문법적인 규범이나 정서법 등은 고려하지 않는다.

※ 효과적인 브레인스토밍의 세 가지 규칙

- 떠오르는 모든 생각을 기록한다.
- 떠올린 생각들은 판단되거나 비판되지 않는다.
- 모든 구성원들이 참가해야 한다.

- 다음과 같은 질문을 생각해 봄으로써 아이디어 제공에 도움을 얻을 수 있다.

① 써야 할 주제는 무엇인가?

② 주제와 관련된 사람은 누구인가?

③ 주제를 어디서 발견하였는가?

④ 주제는 어디에서 유래하였는가?

⑤ 주제에 대한 특별한 것은 무엇인가?

⑥ 주제에 대한 중요한 것은 무엇인가?

※ 창의력과 브레인스토밍 개발을 위한 완벽한 환경을 설정할 때 점검 사항

- 방안의 조명
- 편안한 가구
- 소음 정도
- 온도
- 주변 분위기
- 필요한 도구 및 자료
- 예상되는 방해 요소
- 공간 크기(돌아다니거나 여럿이 함께 브레인스토밍을 할 만큼 충분히 넓은가?)

〈연습과제〉

※ 다음 주제 중 하나를 골라 아래 예시와 같이 '브레인스토밍'을 해 보자.

예시) 시크릿 가든

시크릿 가든→김주원→까도남→트레이닝복→한땀한땀→대사→이게 최선입니까?

김주원 ↓ 현빈 ↓ 해병대 ↓ 해군 ↓ UDT ↓ 소말리아 해적

트레이닝복 ↓ 반짝이

수행 주제 : 학교/ 스마트폰/ 훈민정음/ 축구/ 청춘

트리즈

트리즈(TRIZ)는 '문제를 발명적(창의적)으로 해결하기 위한 이론'이란 의미의 러시아어 '쩨오리아(Teoriya) 이론', '래셰니아(Resheniya) 이론', '이조브레따쩰스키흐(Izobretatelskikh) 발명', '자다취(Zadatch) 문제'의 머릿글자를 영어식(Theory of inventive problem solving)으로 읽은 것으로, 구소련의 겐리흐 싸울로비츄 알트슐레르(Genrich Saulovich Altshuller, 1926~1998)와 그의 동료, 제자들이 3,000,000건 이상의 특허를 분석하여 거기에 존재하는 '공통의 문제해결 원리'를 요약 · 정리한 것이다.

트리즈는 욕망형 문제의 근본 해법인 불타(佛陀)의 '팔정도(八正道)', 갈등형 문제의 근본 해법인 손무(孫武)의 손오병법(孫吳兵法)과 함께 창조형 문제의 근본을 이해하고 다루는 원리이다. 문제의 근본을 다루는 원리이기에 최초에는 기술 분야에서만 사용되었으나 현재는 경영, 사회, 소프트웨어 등 비기술 분야에서도 사용되고 있다. 또한 처음에는 러시아에서 사용되었지만 1990년대 이후 지금은 전 세계적으로 사용하고 있다. 현재 트리즈는 P&G, 존슨&존슨, 지멘스, 히타치, HP, 미츠비시, 델파이, 크라이슬러, GM, 르노, 도요타, 혼다, BMW, 보잉, 에어버스, 엑슨모빌, 쉘, 쉐브론, 필립스, LG전자, 삼성전자 등 유수의 기업 등에서 널리 활용되고 있다.

트리즈가 활용된 사례로는 에어컨 컴프레서, 무철망 전자레인지, 에어컨 소음 감소(이상 'LG전자'), 자동체결 전기밥솥, 보르도TV, 비휘발 메모리, 냉장고 도어(이상 '삼성전자'), 액체렌즈, PCB도금(이상 '삼성전기'), 스트로보 고압회로('캐논'), LBP 감광기구('HP'), 모터 인버터 장애('히타치') 등이 있다.

문제를 해결하려면 자원, 의지, 행동, 지식의 네 요소가 필요하다. 특히 연구개발과 같이 전문적인 문제는 지식이 없는 비전문가는 해결하기 어렵다. 그래서 학교나 사회를 통해 각각의 전문 지식에 관한 교육을 받는다. 그런데 이렇게 해도 실제로는 문제를 원활히 해결하지 못하는 경우가 있다. 그것은 '문제 지식'을 배우지 못했기 때문이다. 문제 해결을 위해서는 문제의 성질과 종류 및 해법에 관한 문제 지식을 알아야 한다. 하지만 트리즈가 나오기 전까지 이 문제 지식은 체계적으로 정리된 것이 없었다. 그렇기 때문에 누구도 제대로 문제 지식을 배울 수가 없었다.

트리즈는 문제 지식의 정수로, 한마디로 '문제해결을 위한 생각하는 방법'이라 할 수 있다. 이것은 문제를 발견하고, 이해하며, 해답을 찾는 전 과정을 통합한 것으로 단순한 이론이 아니라 과학 수준의 학문이다. 트리즈는 상당히 다양한 내용을 포함하는 학문으로 문제해결을 위한 기법과 좋은 답을 선별하기 위한 철학인 개념, 문제해결을 위한 프로세스인 ARIZ와 문제의 본질에 관한 문제론으로 구성된다. 말하자면, 트리즈는 '문제해결 능력과 창의력을 개발하는 즉 생각하는 방법'에 대한 이론인 셈이다.

※ 트리즈는 주어진 문제에 대하여 가장 이상적인 결과를 정의하고, 그 결과를 얻는 데 관건이 되는 모순을 찾아내어 그 모순을 극복할 수 있는 해결안을 얻을 수 있도록 생각하는 방법에 대한 이론이다.

겐리후 싸울로비츄 알트슐레르는 1940년대 구 소련 해군에서 특허를 심사하는 업무를 할 당시 군 관련 기술적인 문제를 해결하면서 발명에는 어떤 '공통의 법칙과 패턴'이 있음을 알게 되었다. 이를 토대로 그는 누구나 창의적으로 문제를 해결할 수 있는 일반적이고 체계적인 문제해결책을 강구하였다. 전 세계 특허 150만 건 중에서 창의적인 특허 4만 건을 추출하여 분석한 결과, 다음과 같은 4가지 중요한 사실을 발견하게 되었다. 특히 알트슐레르가 주도적으로 연구를 진행한 시기인 1946년부터 1985년까지를 '고전적 트리즈의 시대'라고 말하는데, 이 시기에 정립된 '4가지 중요한 발견'은 다음과 같다.

※ 4개의 중요한 발견
- 발명문제의 정의
- 발명의 수준
- 발명의 유형
- 기술 시스템 진화의 유형

트리즈 발명의 유형에는 40가지가 있다. 주요한 발명의 원리 중 몇 가지를 살펴보면 다음과 같다.

발명의 원리

① 분할(Segmentation)

- 물체를 독립된 부분으로 나눈다.
- 물체를 조립식으로 만든다.
- 물체의 분할 정도를 늘린다.

분할을 통해서 모듈로 된 컴퓨터 부품이나 트럭과 트레일러, 조립식 가구나 배관의 관절은 비교적 쉽게 교체가 가능하다.

② 분리(Extraction)

- 속성을 물체로부터 분리한다.

에어콘의 냉각기와 백화점 놀이동산 등의 반사열풍기가 분리의 원리를 사용한 발명이다.

③ 국소품질(Local quality)

- 동일한 구조의 물체나 환경을 이질적인 구조로 변환한다.
- 물체의 각 부분이 최적의 상태에 놓이게 한다.
- 물체의 각 부분이 다른 기능을 수행하게 한다.
- 일정한 온도, 압력, 밀도 대신에 이들의 변화율을 사용한다.

뜨거운 음식과 찬 음식, 음료를 구분하기 위한 칸막이가 있는 도시락이나 지우개 달린 연필, 다기능 공구들이 국소품질의 원리를 활용한 발명품이다.

④ 비대칭(Asymmetry)

- 물체의 구조를 대칭 구조에서 비대칭 구조로 바꾼다.
- 물체가 이미 비대칭이라면 그 정도를 증가시킨다.

믹서, 레미콘 트럭 등 비대칭 혼합용기와 같은 발명을 예로 들 수 있다.

⑤ 병합, 조합(Merging)

- 동일하거나 비슷한 물체들을 가까이 모아 두거나 병합한다(공간).
- 물체들이 연속적 또는 병렬로 작동하게 한다(시간).

오디오세트나 네트워크로 연결된 개인용 컴퓨터, 그리고 바람개비(풍차), 플라스틱 옷을 입은 나사못 등이 병합 혹은 조합의 원리를 사용한 발명품들이다.

TRIZ에서 진화한 'OTSM'은 알트슐레르가 고전적 트리즈의 다음 진화 단계를 표현하기 위해 사용한 러시아어 머릿글자를 나열한 약어로, 영어로는 "강력한 사고의 일반이론(General Theory of Powerful Thinking)"을 의미한다.

1980년대에 알트슐레르는 다음 문제를 제기하였다. "어떻게 하면 트리즈를 기술적인 문제해결기법을 개발하기 위한 이론에서 분야에 한정하지 않고 복잡하고 포괄적인 문제해결기법을 개발하기 위한 이론으로 변화시킬 수 있을 것인가?"

무엇을 해결해야 하는가(What to Solve)를 가르쳐 주는 것보다 어떻게 해결해야 하는지(How to Solve)를 가르쳐 주는 트리즈는 처음에는 기술 분야에 한정된 해결책이었지만, 문제를 해결하는 사고의 방식이라는 점에서 현재는 모든 분야에 걸쳐 다양하게 적용되고 있으며 그 위상이 점점 높아지고 있다.

※ 트리즈는 문제해결 지식의 진수(眞髓)로 한 마디로 '문제 해결을 위해 생각하는 방법'이다.

제 Ⅱ 장

해석과 가치 창조

명제를 의심하라

주어진 사건과 문제의 핵심을 간파하자

답보다는 그 과정을 설명해야 한다

작품은 암호를 해독하듯이 해석해야 하나?

창의 해석의 실제

명제를 의심하라

1+1은 얼마인가? 일반적인 대답이라면 1+1=2일 것이다. 그러나 관점을 달리해 생각해보자. 단순한 수학적 공식이나 명제가 아니라 좀 더 유연한 생각을 해보면 1+1은 여러 가지 답이 될 수 있다. 1+1은 0일 수 있다. 1이 성냥불이고 다른 1이 한 방울의 물이라면 둘의 합은 0 즉, 불도 물도 아닌 것이 된다. 1+1=1일 때는 어떤 경우가 있을까? 한 방울의 물과 한 방울이 물이 합쳐지면 하나의 물방울이 되지 않는가? 또는 한 명의 신랑과 한 명의 신부가 합쳐 하나의 부부 즉 1+1=1이 된다고 말하지 않는가? 마찬가지로 1+1=3이 되는 경우도 있다. 결혼한 부부가 아이를 낳으면, 또는 한 사람이 다른 한 사람과 힘을 합쳐 세 사람 몫의 일을 해낸다면 그것은 1+1=3, 4가 되는 시너지 효과를 일으킬 수도 있는 것이다. 창의적 사고에 있어 가장 먼저 생각해 보아야 할 것이 우리가 당연하다고 생각하는 명제들이다.

근대철학의 새로운 장을 연 데카르트는 유명한 코기토(Cogito ergo sum), "나는 생각한다. 고로 존재한다."라는 말을 남겼다. 여기서 "생각한다"란 단순히 우리가 알고 있는 'Think'와 같은 사전적 의미가 아니다. 신의 존재, 철학의 문제, 수학적 명제 등등 그동안 당연시 여겼던 모든 생각들에 대한 회의와 의심을 품어야 한다는 주장이 밑바탕에 있는 것이다.

"모두다 'Yes'라고 말할 때 나는 'No'라고 말한다"라는 어느 CF는 남들과는 다른 생각이 이 시대 새로운 가능성과 창의적 결과를 낳을 수 있음을 역설한 사례라 할 수 있다. 이때 "No"라고 말할 수 있는 원동력은 기존의 생각 또는 믿음들에 대한 무조건적인 거부가 아니라, 의심과 회의를 통한 오랜 숙고가 바탕이 되어야만 한다. 모두가 아무런 의심 없이 믿고 따르는 명제에 대해 '그것이 과연 옳은가'에 대해 진지하게 의문을 던져보자.

"내 아버지가 맞는가?"라는 의심에서 수많은 신화와 최근 경이적인 시청률을 기록하는 드라마가 탄생했으며, "기계는 생물처럼 병에 걸리지 않을까?"라는 의문에서 전 세계 컴퓨터 백신시장을 장악하고 선도하는 V3가 탄생한 것이다.

주어진 사건과 문제의 핵심을 간파하자

대상을 합리적으로 이해하고 해석하는 데 있어 창의적 사고는 매우 유용하다. 해석이란 간단히 말해 어떤 대상을 이루고 있는 요소들을 나누어 보고 각 요소들의 관계를 파악해 보는 생각의 태도를 의미한다. 따라서 해석이란 분석적 사고에 입각해 주어진 사건이나 문제의 핵심을 간파하고 설명하는 방식이다.

해석은 어떤 대상의 구조나 구성을 분석하는 경우와 또 어떤 결과나 현상이 초래된 과정을 분석하는 경우로 크게 나눌 수 있다. 전자는 한 편의 글과 같이 기승전결이 있고 나름의 전체성, 변형성, 자기 조정성을 즉 구조를 갖는 경우를 말하며, 후자는 어떤 대상이나 현상이 나타나는 데 관여한 일련의 작용들이나 행위들을 분석하는 것이다. 특히 후자는 다시 세 가지 성격으로 나눌 수 있다. 첫째, 어떤 일을 하는 순서로서의 과정을 분석하는 것 둘째, 어떤 대상이 작동하는 원리 또는 만들어진 방법으로서의 과정을 분석하는 것 셋째, 어떤 결과의 발생 이유로서의 과정을 분석하는 것이다.

이러한 해석과 분석의 과정을 거쳐 우리는 어떤 문제, 사건, 텍스트(text)에 대해 평가에 이를 수 있다. 한 문제, 사건, 텍스트의 의미는 자기(작가, 출제자)가 의도한 또는 텍스트 자체가 구현하고 있는 대로 단일하지만, 그 의미, 또는 그 텍스트의 어떤 성질에 대한 각자의 반응은 천차만별일 수 있다.

만약 우리가 "한강의 모래가 몇 개냐?"라는 질문을 받았다고 하자. 물론 우리의 대답은 "많다"이다. 그러나 문제의 핵심은 "많다"는 데 있지 않다. 핵심은 "얼마나"에 있다. 또 누군가 "친구가 몇 명이냐?"고 질문했다면 그것은 친구의 많고 적음을 묻는 것이 아니라 질문을 받은 나의 인간관계나 성격을 묻고 있는 것임을 단박에 파악할 수 있어야 한다. 텍스트에 있어서도 마찬가지이다. 우리가 너무도 잘 알고 있는 황순원의 「소나기」에서 소녀가 소년에게 처음 던진 말은 "이 바보"이다. 이 한 마디로 이후 소녀와 소년이 사랑에 빠지게 된다는 것을 눈치 챌 수 있다. 이것을 문학적 용어로 '복선'이라고 말한다.

자, 손가락으로 달을 가리키는 사람의 손가락을 보아서는 안 된다. 손끝이 가리키는 달을 보라!

답보다는 그 과정을 설명해야 한다

해석의 문제는 하나의 특정한 답을 구하는 데 목적을 두지 않는다. 더구나 최근의 많은 이론들은 해석의 오류나 잉여를 통해 새로운 발전 가능성을 탐색하고 문제의 새로운 해결책을 모색하기도 한다. 기존에는 엉뚱하다는 이유로 무시되었던 행위나 생각들이 긍정적인 시각에서 검토되는 경우가 많다. 그러나 어떤 해답을 마구잡이로 제시하거나 우기는 것은 설득력을 얻을 수 없다. 그러한 답이 도출된, 또는 그런 생각을 하게 된 과정과 원인을 논리적으로 제시할 수 있어야 한다.

앞서 제시한 1+1의 문제만 보더라도 접근을 어떻게 하느냐에 따라 여러 가지 답이 가능했다. 그러나 단순히 답이 2가 아닌 것이 중요한 것이 아니라 그 답이 왜 2가 아닌 다른 수인지를 다른 이들이 납득할 수 있게 설명해야 한다는 데 그 주안점이 있는 것이다.

모 대기업의 면접문제이기도 했던 흥미로운 한 가지 예를 들어보자.

집 앞에서 곰 한 마리를 보았다. 곰을 잡기 위해 총을 들고 정남(正南) 방향으로 1km를 달려갔다. 그때 갑자기 곰이 정동(正東)으로 방향을 틀어 다시 1km를 도망갔다. 정동 1km지점에서 쏜 총에 맞은 곰은 정북(正北)으로 1km를 도망가다 쓰러졌다. 곰을 잡은 그곳은 바로 자기가 출발한 집 앞이었다. 이때 곰의 색깔은?

몇 가지 답안이 가능할 것이다. 일반적인 답안으로는 붉은색 곰이라고 할 수 있다. 총에 맞아 피를 흘렸기 때문이다. 그러나 면접관이 요구한 답은 흰색이었다. 정남으로 내려가다 정동으로 방향을 틀고 다시 정북으로 각각 1km를 갔을 때 같은 지점은 지구상에 단 한 곳 북극뿐이다. 즉 곰은 북극곰으로 흰색이라는 것이다. 그러나 또 다른 답을 생각해 볼 수 도 있다. 만약 나의 집이 동서로 1km이상의 대저택이라면, 쉬운 예로 아주 큰 아파트 단지라면 곰을 잡은 곳도 소위 "집 앞"이라고 할 수 있을 것이다. 따라서 곰의 색깔은 흰색도 회색도 검은색도 될 수 있는 것이다.

우리는 어떤 문제나 텍스트에 대해 그 해석의 관점에 따라서 각기 다른 결과를 얻을 수 있음을 확인하였다. 타당성과 설득력만 확보된다면 해석의 지평은 언제나 열려 있으며 다른 생각과 평가를 통해 보다 심층적인 의미를 파악할 수 있다. 현대 사회에서 요구하는 것은 단순히 하나의 경직된 시각과 견해가 아니라 보다 포용력 있고 창의적 변용과 조합, 활용이 가능한 태도이다.

작품은 암호를 해독하듯이 해석해야 하나?

'작품은 암호를 해독하듯이 해석해야 하나?'라는 질문에서 암호를 해독한다는 것은 일종의 해석을 말하는 것이다. 해석할 때는 반드시 해석의 틀이 필요하다. 이를 코드(code)라고 한다. 코드는 틀을 통해서 판독하는 것이므로 그 틀이 맞지 않으면 판독이 안 되는 것이다. 예술적 언어도 시대와 장소에 따라 변하기 때문에 결국 그걸 제대로 이해하기 위해서는 어디에서 언제 나왔는지를 확인해야 된다. 텍스트를 해석하기 위해서는 그 텍스트의 전제가 되는 콘텍스트(context, 문맥)를 파악해야 텍스트에 접근할 수 있다. 따라서 작품의 콘텍스트는 우선 '어느 시대에 그게 만들어졌는지, 또 어느 지역에서 제작되었는지를 알아야 될 것이고 그것만이 아니라 지리적, 역사적 환경, 작품이 나온 이유를 알아야 분석'을 하는 것이다. 누가 주문했고 이 예술작품의 일차적인 감상자가 누구였는지, 누가 생산과정에서 주도권을 가진 사람이 누구였는지 모두 고려해야 한다.

문학 작품의 해석과 평가에 있어 다음 사항을 유의해야 한다.

1. 문학은 언어예술이므로 말뜻에 대한 정확한 사전적 해석이 기본적으로 선행되어야 한다.
2. 문학 작품의 조사나 단어나 절(節)이나 문장 등은 사전적 의미 이상의 의미를 지니는 경우가 많다. 그러므로 사전적 의미 해석 다음에 그 이상의 숨겨진 의미를 찾아내지 않으면 오류를 범한다. 사전적 의미 이상으로 그 단어나 문장 등이 지닌 의미는 작품 전체의 문맥 속에서 암시를 받고 이를 열쇠로 삼아서 숨겨진 작품 세계를 열어 나가야 한다.
3. 모든 언어는 그 언어사회의 역사와 문화의 산물이다. 다만 그 언어를 생성시키고 변모 발전시킨 배경으로서의 역사와 문화는 그 언어사회 생성, 초기부터의 긴 시간적 배경을 지닌 것도 있고 신생어는 최근의 시대적 배경에서 만들어진 것도 있다. 그러므로 언어에 대한 올바른 해석을 위해서는 이런 배경 연구가 필수적 조건이 되는 경우가 많다.
4. 문학작품은 당대의 작자의 의도와 함께 작자의 사회적 역사적 배경이 깔려 있다. 다만 이같은 배경 색깔의 농도는 작품마다 차이가 있으므로 이에 대한 판단과 함께 작품을 그 배경 속에 조명해 가면 해석해야 한다.
5. 이미 알려진 작품들은 해석과 평가도 보편적으로 알려져 있다. 그러나 올바른 해석과 평가를 하려면 기존 해석과 평가는 참고로 하여야 한다. 이를 그대로 수용하면 자칫 오류의 반복일 가능성이 많다.
6. 작품 평가에는 포퓰리즘의 오류가 발생하기 쉽다. 대중적 여론에 편승하는 해석방법의 오류다. 포퓰리즘은 때때로 무지의 폭력성까지도 지니고 있는 것이므로 참된 진실의 탐구를 위해서는 이에 대한 저항적 의지가 필요하다.

창의 해석의 실제

다음은 우리가 중·고등학교 때 배웠을 뿐만 아니라 대한민국 국민이라면 누구나 알 수 있는 김소월의 「진달래꽃」이다.

나 보기가 역겨워
가실 때에는
말없이 고이 보내 드리오리다.

영변에 약산
진달래꽃
아름 따다 가실 길에 뿌리오리다.

가시는 걸음 걸음
놓인 그 꽃을

사뿐히 즈려 밟고 가시옵소서.

나 보기가 역겨워
가실 때에는
죽어도 아니 눈물 흘리오리다.

-『진달래꽃』(1925)

이 시의 주제를 무엇인가? 김소월의 이 시는 단적으로 '이별의 정한(情恨)'을 노래한 시가 아닐 수 있다. 첫 연인 "나 보기가 역겨워/ 가실 때에는/ 말없이 고이 보내 드리오리다"에서 알 수 있듯이 이 시는 이별의 상황을 가정하고 있다. 이미 갔다는 것이 아니라 '간다면'이라는 가정의 상황이다. 이렇게 보자면 이 시는 소위 "네가 너무 좋아서 죽겠어"와 같은 사랑의 극한 상황, 절정의 사랑을 노래하고 있다고 볼 수 있다. '내'가 지금 '너'를 너무 사랑하기 때문에 '네'가 함부로 '나'를 버리더라도 원망하지 않고 축복할 수 있는 것이다. 현실에서 이별을 맞이했다면 위와 같이 아름다운 상황은 요원할 것이다.

아래 인용한 시는 「시멘트」라는 시이다. 「시멘트」라는 작품의 처음 인상은 "벽", "벽돌", "시멘트" 등의 건설 재료가 어떻게 소용되는가를 이야기한 것처럼 보인다. 그러나 이 시를 꼼꼼하게 살피면 여러 다른 측면에서 시적 상황을 해석해낼 수 있다. 시멘트의 의미를 염두에 두고 「시멘트」를 읽어보며, 이 시에 대한 분석 글을 살펴보자.

시멘트

최원준

벽은 벽돌로 환원될 수 없다 벽돌과 벽돌이 만나 하나의 벽을 이룰 때 시멘트는 벽돌들 사이의 이루어지지 않는 약속, 커다란 벽을 세우기 위한 접착력 강한 거짓말이다 벽은 다양한 형태와 크기의 벽돌 없이 완성될 수 없지만 시멘트는 거꾸로 벽돌의 가치를 결정짓는다. 벽돌은 정해진 규격에 따라 일정한 크기와 무게를 지녀야 하고 규칙을 벗어나는 벽돌은 벽의 일부가 될 수 없다. 일단 벽이 세워지면 시멘트는 벽 속에 숨어 혹시나 있을지 모를 벽돌들의 이탈에 대비해 단단하게 굳기 시작한다. 당신이 하얗게 질려 있건, 체념한 회색이건, 붉게 달아오르건 벽 밖으로 뛰어내리지 않는 한 시멘트는 당신을 붙잡고 놓아주지 않는다.

- 『문학과 사회』 2010년 가을호

분석

이 시의 구조는 더 이상의 설명이 필요 없을 정도로 명백하고 강렬하다. 벽돌과 벽은 인간과 인간이 만든 어떤 조직, 또는 사회를 의미한다. 사회(벽)와 인간(벽돌)의 관계는 보통 사회학적으로 〈인간은 사회의 구성원이다〉 혹은 〈사회는 인간들로 구성된다〉라고 하여 '인간'을 우선한다. 그러나 시인은 그 첫 문장에서 남다른 서술어를 통해 예의 것과는 다른 시선을 확보한다. 〈벽은 벽돌로 만들어진다〉라고 하지 않고, "벽은 벽돌로 환원될 수 없다"라고 썼다. 그러니까 여기서 주어는 '벽은'이고, 서술어는 '벽돌로 환원될 수(가) 없다'라는 절이다. '사회는 인간으로 환원될 수 없다.' 이 문장의 심층에는 이미 인간이 만든 사회에서 인간은 간데없고 사회의 구성품, 부품으로 전락한 존재만이 있다는 뜻이 함축되어 있다. 사회를 아무리 미분화해도 그 자리에 인간은 없다. 〈환원〉이 불가하다는 것이다. 벽돌과 벽돌이 만나는 그러니까 사회가 형성되기 시작한 어느 지점에 맺어진 약속, 범박하게 사회계약설 같은 종류의 이론은 〈강한 거짓말〉인 것이다. 〈나〉와 〈또 다른 나〉가 만나 〈우리〉를 이루었으나 그 틈바구니를 메우고 있는 것은 허상의 계약이다. 우리가 되는 순간 이 시대, 아니 시대를 막론한 인간의 집합은 〈나〉로의 존재를 인정하거나 배려할 생각이 없는 까닭이다.

> 벽은 다양한 형태와 크기의 벽돌 없이 완성될 수 없지만 시멘트는 거꾸로 벽돌의 가치를 결정짓는다. 벽돌은 정해진 규격에 따라 일정한 크기와 무게를 지녀야 하고 규칙을 벗어나는 벽돌은 벽의 일부가 될 수 없다.

애초에 여러 인간이 모여 한 시대와 사회를 결정짓게 되지만 흥미로운 것은 그 결과물이 아니라 체계이다. 벽과 벽돌이 모두 외형의 존재들이라며 그것들을 통제하고 굴러가게 하는 것은 '부재의 현전'과 같은 것이다. 그것은 '시멘트'와 같이 처음에는 유동적이다. 벽과 벽돌의 가치는 외형이므로 거기에 가치를 부여하는 순간 고정되어 사멸하게 되지만 메커니즘 자체에 가치의 주권을 두게 되면 주객은 역전된다. 자본과 같은 보이지 않는 도깨비에 의해 자본주의의 구성기제와 토대의 가치가 결정되듯이 벽돌의 가치 또는 벽의 가치까지도 '시멘트'에 의해 결정된다. 핵심은 벽을 만드는 어떤 손이 아니다. 만약 손이 있다면 그것은 바로 '시멘트' 자체라는 것을 놓쳐서는 안 된다.

> 일단 벽이 세워지면 시멘트는 벽 속에 숨어 혹시나 있을지 모를 벽돌들의 이탈에 대비해 단단하게 굳기 시작한다. 당신이 하얗게 질려 있건, 체념한 회색이건, 붉게 달아오르건 벽 밖으로 뛰어내리지 않는 한 시멘트는 당신을 붙잡고 놓아주지 않는다.

선택과 배제의 작업이 마무리되면 '시멘트', 즉 메커니즘은 '벽돌들의 이탈에 대비해 단단하게 굳기 시작한다.' 벽돌의 체제를 무너뜨리는 것은 폭풍이나 지진이 아니라 '이탈'을 꿈꾸는 '벽돌'에 의해서이다. 외부의 충격에 의해 사회는 결속되는 경향이 있지만 내부의 내파로부터는 취약한 것과 같은 이치이다. 벽돌들은 벽이 문제라고 생각하지만 실제로는 거짓의 달콤함이 내밀하고 음험한 가치를 등에 업고 변신한 '시멘트'가 문제들의 핵심이다.

벽돌들은 마침내 현실의 본체를 깨닫고 '하얗게 질려 있건, 체념한 회색이건, 붉게 달아오르건', 그 감옥에서 공포에 휩싸이는 체념하고 포기하든, 열정의 혁명과 저항을 꿈꾸든, '시멘트'라는 거대한 매커니즘에서 쉽게 벗어날 수 없다. 다만, '벽 밖으로 뛰어내리'는 정치적(?), 도덕적(?) 자살만이 이 감옥으로부터 허락될 뿐이다.

제 Ⅲ 장

나와 텍스트의 대화

1. 라쇼몽

해석의 주체(해석자)와 의미의 주체(저자)는 '나'와 '너'의 순전한 인격적 관계를 맺고 있는 것이 아니라, '나의 언어'와 '텍스트의 언어'와의 언어적 관계에 있다. 두 개의 언어가 〈대화〉하는 것이고, 그 시선과 정황에 따라 다양한 분석 결과가 나타날 수 있는 것이다.

2002년 개봉된 영화 「영웅」의 경우 후인 진시황이라고 불리는 '진영'의 암살을 위해 희생된 영웅들의 다양한 모습이 그려진다. 흥미로운 것은 '암살'이라는 목적은 같았지만 암살을 위해 백보, 십보의 거리로 다가가기 위한 세 영웅 '은모장천'과 '파검', '비설'의 기억 진술이 판이하게 나타나는 점이다. 특히 질투와 격렬한 감정을 나타내는 붉은색, 희생을 상징하는 푸른색, 진실한 사랑을 의미하는 흰색의 미장센을 통해 죽음과 사랑, 희생을 세 영웅 각자의 시선에서 다룬다. 때문에 영화를 보고 나도 무엇이 진실한 사실인지 파악하기 어렵다. 이러한 다의성은 곧 작가가 그려낸 작품의 정황과 해석자의 의미 파악 속에 나타나는 간섭과 간극의 결과라고 할 수 있다.

같은 예로 각자 자신의 입장에서 사태를 해석하는 아쿠타카와의 소설 「수풀 속에서」를 들 수 있다.

다음은 「수풀 속에서」를 영화화한 「라쇼몽(羅生門)」을 본 학생의 실제 독후감 중 일부분이다.

> 어떤 사건을 서술하는 것은 쉽게 이해가 되었으나 하나의 사건이 네 개의 다른 이야기로 변주되면서 살인범이 누구인지, 무슨 일이 있었던 것인지 도저히 알 수가 없었다. 영화를 보고난 후 문득 깨달았다. 각자가 달리 이야기를 하고 있다는 것을 알면서도 나도 모르게 처음에 본 도적 타조마루의 진술에 여자와 남편(사무라이), 나무꾼의 진술을 끼워 맞추어 범죄를 재구성하고 있었던 것이다. 그러니 각각의 진술 마다 범인과 상황이 달라지는 영화의 전개를 따라잡을 수 없었고, 나도 모르게 한 사람의 이야기만을 사실로 받아들이며 기억을 왜곡시키고 있었던 것이다.

결국, 네 가지 현실이 존재한다. 사건의 관련자인 도적, 아내, 남편은 모두 자신에게 유리하게 상황을 인식하고 그것이 진실이라고 우긴다. 그래서 〈라쇼몽〉 앞에서 나무꾼은 "아무 것도 알 수 없다"고 중얼거리며 세 번째 등장인물인 행인에게 "이야기를 듣고 진실을 알려줘"라고 한다. 이 서두는 영화의 말미와 정확하게 맞물린다. 도적의 진술은 최초의 진술이므로 우리의 인식에 중요하다. 그러나 여인과 남편의 진술과 어긋나면서 가장 객관적일 것이라고 추정되는 나무꾼의 목격담을 중심으로 사건을 재구성하게 된다. 버려진 아기가 등장하면서 가장 이성적인, 그래서 판관의 역할을 하던 행인이 아기의 옷을 훔치려 한다. 행인은 비난하는 나무꾼에게 "너도 마찬가지다."라고 하면서 여인이 갖고 있던 단검의 행방을 묻는다. 네가 훔치지 않았느냐는 것이다. 결국 가장 객관적일 것으로 추정된 목격자도 이기적 목적을 숨기고 거짓이 있는 진술을 했던 것이다.

영화에서 한 사건에 연관된 사실을 밝히기 위한 재판에서 세 사람의 상반된 증언은 단순한 거짓 증언으로써 진실을 찾기 위한 도구로 사용되는 것은 아니다. 셋은 거짓 증언을 한 것이 아니라 자신의 입장에서 진실을 말한 것이다. 누구에게는 진실인 것이 누구에게는 거짓이 될 수 있다. 영화에서는 하나의 진실과 기억이 사람마다 자신의 이해관계에 따라 변하게 되는 사실을 이야기 하고 있는 것이다.

진실은 영화가 줄곧 말하듯이 상대적인 것이고, 자기 주관적인 것이다. 같은 현상을 보아도 백 명이면 백 가지의 서로 다른 이야기를 만들어내는 것이 인간이다.

거짓은 자신의 이익을 위해서 지어낸다. 정말 남편과 도적이 정의롭게 남자다운 결투를 벌이다 죽음의 현장에 놓여졌을 수도 있고, 나무꾼의 말처럼 시장 잡배들처럼 볼썽사나운 몸싸움을 벌이다가 마지막에 죽음의 순간조차 비겁함과 두려움 속에 끝장났을 수도 있다. '무엇이 진실인 것인가?'에 대한 중요성보다 난 얼마나 인간이 자신의 이기적인 성향에 익숙해져서 작은 이익에 의해서도 본질을 변질시킬 수 있는가에 중점을 두게 된다.

모두가 자신의 피해를 최소화하고 자신의 욕망과 정당함을 표현하고자 이기적으로 진실을 포장하고 왜곡하고 있다. 그러면서 하나의 사건을 보는 시선도 자신이 원하는 대로 자신이 믿고 싶은 대로 보게 되는 것이다. 어쩌면 우리가 공부하는 역사도 진실이 아닐지도 모른다. 역사는 승리자의 입장에서 쓴 승리자의 진실이기 때문인 것이다.

〈연습과제〉

1. 영화 「라쇼몽」을 감상하고 범죄현장의 진술을 자신이 가장 진실에 가깝다고 느끼는 주장을 제시하고 그 이유에 대해 토론해 보자.

2. 같은 사건에 대해 우리가 전혀 다른 입장으로 이야기하는 경우를 예로 들어 보고, 문학작품이나 영화 등에서 그러한 특성을 지닌 작품을 찾아보자.

2. 떡보이야기

「떡보이야기」는 전래 동화이다. 이 동화를 읽고 〈연습과제〉에 지적된 사항에 대해 생각해보자.

옛날, 우리나라와 지혜를 겨루기 위해서 중국 사신이 압록강 근처까지 왔다는 소식이 전해졌어요. 이 소식이 전해지자 나라 안이 발칵 뒤집혔어요. 나라의 명예에 관한 중대한 일이라 여기고 여러 대신이 모여 의논한 끝에, 마침내 우리나라에서도 지혜로운 사람을 뽑아서 내보내기로 하였어요.

'중국 사신과 맞서서 지혜를 겨룰 자신 있는 사람을 구함. 신분의 높고 낮음은 상관하지 않음. 만약 지혜 겨룸에서 이기게 되면 본인이 원하는 대로 상을 줌'

그러나 영을 내린 지 여러 날이 지났는데도 나서는 사람이 없었어요. 선불리 대답하여 이 겨룸에서 지는 날에는 그야말로 큰일이기 때문이었어요. 조정의 대신들은 마음이 조급해졌어요. 그럴 즈음, 압록강 근처

의주 땅에 떡보라는 뱃사공이 자기가 해보겠노라고 나섰어요. 그는 떡을 하도 좋아하는 까닭에 이와 같은 별명이 붙었어요. 떡보는 글을 모르는 무식한 사람이었으나 지혜 겨룸에서 이기게 되면 자기가 좋아하는 떡을 실컷 먹을 수 있을 것 같아 선불리 나섰던 것이었어요.

"사또 마님, 제가 나가겠습니다."

"아니, 네가 우리나라 대표로 나가겠다고?"

"예, 이기고 돌아오면 상으로 떡이나 많이 주십시오."

사또는 떡보의 얼굴을 바라보았어요. 떡보는 못 생긴데다 애꾸였어요."

"안 돼! 너같이 무식하고 못 생긴 놈이 큰 나라의 사신과 지혜를 겨루다니……."

그러나 떡보는 고집이 여간이 아니었어요.

"얼굴이 잘 생겼다고 지혜가 많으란 법이 있나요? 항우란 장수도 말에서 떨어진 일이 있지 않습니까요? 오히려 소인 같은 사람이 성공하는 수가 많으니 보내만 주세요. 꼭 이기고 돌아올 테니……."

떡보의 자신만만한 말을 들은 사또는 떡보에게 단단히 다짐을 받았어요.

"듣거라. 이번 일은 나라의 위신에 관계되는 중대한 일이다. 만일 네가 실수하여 지는 날에는 살아남지 못 하리라. 알겠느냐?"

"예, 알겠습니다. 그러나 이기고 돌아오면 약속대로 떡이나 많이 주십시오."

마침내 떡보가 중국 사신과 지혜를 겨룰 날이 다가왔어요. 떡보는 배가 고프면 묻는 말에 대답하기 어려울 거라고 생각하고, 우선 떡집으로 가서 외상으로 큰 인절미 다섯 개를 사먹었어요. 떡보가 배를 저어 강 한가운데로 나가자 사신도 배를 저어 이쪽으로 왔어요. 중국 사신이 먼저 떡보의 애꾸눈을 보고 비웃었어요.

"새가 사공의 눈을 쪼았구려."

'점잖은 사람이 남의 외모나 보고 흉을 보다니……' 괘씸하다고 생각한 떡보는 사신의 얼굴을 똑바로 쳐다보았어요. 그런데 이게 웬 일입니까? 분명 중국 사신의 입이 조금 비뚤어져 있지 않겠어요. '옳지 됐다'하고 떡보는 그것을 비웃었어요.

"바람이 사신의 입을 스쳤구려."

이 말을 들은 중국 사신은 깜짝 놀랐어요. 보잘것없는 뱃사공에게 망신을 당했다고 생각하였어요.

또 중국 사신은 다음 문제를 물었어요. 말을 하지 않고 엄지와 검지손가락을 붙여서 동그라미를 만들어 보였어요. '하늘은 둥글다'는 뜻이었어요. 하지만 무식한 떡보는 그것을 다르게 해석하였어요. '아하, 이 사람 좀 봐라. 어느 사이에 내가 떡 사먹는 걸 본 모양이로구나. 떡이 둥글더냐고 묻는 것을 보니.' 그래서 떡보는 떡이 둥글지 않다는 뜻으로 손가락으로 네모를 만들어 보였어요. 인절미는 네모지거든요. 이를 보자 중국 사신은 다시 한 번 깜짝 놀랐어요. 떡보가 해 보이는 이 네모꼴을 떡보와는 다르게 해석하였어요. 즉 '하늘은 둥글다'는 자기의 시늉에 떡보가 '땅은 네모지다'라는 시늉을 했다고 착각했던 거예요. 그리고 자기가 낸 문제 '하늘'에 대해서 '땅'을 들고 와 설명하는 떡보의 지혜에 탄복하지 않을 수 없었어요.

그러면서도 이번에는 좀 더 어려운 문제를 내어 보리라 생각하고, 손가락 세 개를 내밀었어요. 그것은 사람이 사는 데 필요한 세 가지 도리, 즉 '삼강(三綱)'을 아느냐는 물음이었어요. 떡보는 이것을 '네가 먹은 떡이 세 개냐?'고 묻는 것이라 생각하고 '아니오. 다섯 개요.'라는 뜻으로 손가락 다섯 개를 펴 보였어요. 그러자 사신은 아까보다 더 크게 놀랐어요. 자기가 '삼강'을 물었는데 떡보가 '삼강'뿐만 아니라

'오륜(五倫)'까지도 안다고 대답했기 때문이었어요. 물론 이것도 떡보의 무식한 대답을 중국 사신이 유식하게 해석했던 거지요. '오륜'도 '삼강'과 더불어 사람이 살아가며 지켜야 할 다섯 가지의 도덕이랍니다.

이러다간 오히려 망신만 크게 당하겠다고 생각한 중국 사신은 이번에는 좀 더 어려운 내용을 묻기로 하였어요. 그리고 자기의 수염을 쓰다듬어 보였어요. 즉 '수염'이란 '염'자가 든 중국의 옛 임금인 '염제 신농씨를 아느냐?'는 뜻으로 자기의 수염을 쓰다듬어 보였던 것이었어요. 그러나 떡보는 사신이 수염을 쓰다듬는 걸 보고 '떡이 맛이 있더냐?'고 묻는 것으로 오해하고, 배를 쑥 내밀고 손으로 문질러 보였어요. '암, 맛이 좋아 많이 먹었더니 배가 부르더라'는 뜻이었어요. 이를 본 중국 사신은 자리에서 벌떡 일어서더니 어쩔 줄을 몰라 하였어요. '이 나라에는 재주 있는 사람이 많구나. 저런 뱃사공까지도 이렇게 유식한 것을 보니! 더 이상 지혜를 겨루다가는 망신만 당하겠다.' 자기가 '염제 신농씨'를 아느냐고 물었는데, 무식한 떡보가 배를 문지르며 '태호 복희씨'까지 안다고 대답했기 때문이었어요. '태호 복희씨'도 중국의 옛 임금의 이름인데 '복희'씨의 '복'자는 곧 한자의 '배 복'자와 음이 같답니다. 이리하여 더 이상 못 당하겠다고 생각한 사신은 뱃머리를 돌려 휑하니 자기 나라로 가 버리고 말았어요.

한편, 떡보를 대표로 내보낸 뒤 우리나라 조정에서는 많은 걱정을 하고 있었어요. 그런데 뜻밖에도 떡보가 중국 사신과의 지혜 겨룸에서 이겼다는 소식이 전해지자 모두들 "떡보만세! 떡보 만세!"하고 일제히 외쳤어요. 이 소문은 금방 온 나라에 퍼졌고, 높은 벼슬과 떡이 상으로 내려졌어요.

"떡보, 정말 수고가 많았네."

"수고라뇨. 중국 사신이 소인의 애꾸눈을 비웃기에 소인도 중국 사신의 비뚤어진 입을 비웃어 주었지요. 그리고 둥근 떡을 먹었느냐고 묻기에 네모진 떡을 먹었다고 대답했고요. 세 개를 먹었느냐고 묻기에 다섯 개를 먹었노라고 대답했지요. 또 맛이 있더냐고 묻기에 배가 부르다고 대답했지요. 그것뿐인 걸요, 뭐. 시시한 겨룸이었는걸요. 수고랄 것까지는 없어요."

떡보의 말이 끝나자 다시 한 번"떡보 만세! 떡보 만세!"를 외치며 모두들 좋아했답니다.

〈연습과제〉

1. 위 동화가 웃음을 자아내는 이유를 떡보의 캐릭터를 통해 설명해보자.

2. 주인공으로 바보인 "떡보"를 전면에 내세움으로써 작가가 의도한 것은 무엇인지 토론해보자.

3. 떡보와 중국 사신의 문제풀이는 우리의 해석방식과 관련하여 어떤 교훈들을 주는가?

3. 화사(花蛇)

다음은 미당 서정주의 시 「화사」라는 작품이다. 서정주의 첫 시집인 『화사집』(1938)의 표제시에 해당하는 대표작으로 욕망과 자아의 갈등이라는 의미구조를 바탕으로 하고 있다. 이 시는 충격적인 어휘를 사용하는 한편, 관능적이고 대담한 이미지를 구사하여, 당대 통념적인 시적 관념을 과감히 깨뜨리고 있다. 이러한 그의 시풍은 모더니즘이 풍미하던 당시 30년대 시단에, 육성의 절규와 생명의 몸부림의 추구라는 새로운 영역을 개척하여 소위 '생명파'라는 시 유파를 형성시키는 계기를 마련했다. 이 시는 일반적으로 "배암"으로 대표되는 욕망과 생명이란, 근원적으로 원죄의 구속을 받고 있다는 생각과, 존재의 현실은 실존적 고뇌와 모순에 가득 찬 것이라는 점을 날카롭게 인식함으로써, 그러한 모순된 생명성으로부터 벗어나려는 몸부림의 과정을 통해 삶의 본질적 의미를 찾고자 한 작품으로 평가된다. 기존 해석의 범주에서 파악되는 의미망을 배제하고 작품 자체를 따져 읽어보자.

화사(花蛇)

서정주

사향(麝香) 박하(薄荷)의 뒤안길이다.
아름다운 배암…
을마나 크다란 슬픔으로 태여났기에, 저리도 징그라운 몸둥아리냐

꽃다님 같다.
너의할아버지가 이브를 꼬여내든 달변(達辯)의 혓바닥이
소리잃은채 낼룽거리는 붉은 아가리로
푸른 하늘이다. … 물어뜯어라. 원통히무러뜯어,

다라나거라. 저놈의 대가리!

돌 팔매를 쏘면서, 쏘면서, 사향 방초ㅅ길
저놈의 뒤를 따르는 것은
우리 할아버지의안해가 이브라서 그러는게 아니라
석유 먹은 듯… 석유 먹은 듯… 가쁜 숨결이야

바늘에 꼬여 두를까부다. 꽃다님보단도 아름다운 빛…

크레오파투라의 피먹은양 붉게 타오르는 고흔 입설이다… 슴여라! 배암.

우리순네는 스물난 색시, 고양이같이 고흔 입설… 슴여라! 배암.

– 『시인부락』 2호 1936. 12.

〈연습과제〉

1. 위 시를 읽고 "화사(배암)"와 "순네"의 정체와 관계에 대해 서술해 보자.

2. "순네"에 대한 시의 화자의 기억과 인식이 어떻게 변화되어 가는지 추적해보자.

3. 이 시 1행 "사향(麝香) 박하(薄荷)의 뒤안길"은 "화사(배암)"와 어떤 관계인가?

4. 미녀와 야수
(Beauty and the Beast)

아름다운 성에 살고 있지만 교만하고 허영심 많은 왕자에게 어느 날 늙은 노파가 장미 한 송이를 주며 하룻밤 재워줄 것을 부탁한다. 왕자가 노파를 쫓아내자 그녀는 아름다운 마법사로 변신하여 그를 야수로 만든다. 왕자는 이제 21살 되는 해 생일 전까지 한 여성의 사랑을 얻지 못하면 평생 야수로 지내야 하는 운명에 놓인다.

프랑스의 한 작은 마을에 살고 있는 아름다운 벨. 책을 사랑하는 그녀를 마을의 건방진 젊은이 가스통이 탐내고 있다. 하지만 벨은 그를 마음에 들어 하지 않는다. 한편, 벨의 아버지인 엉뚱한 발명가 모리스는 발명가 대회에 참석하려는데 급한 마음에 숲을 가로지르는 지름길을 택한다. 하지만 늑대들이 그를 쫓아오고 모리스는 인근의 성으로 도망간다. 그런데 그곳은 바로 야수가 된 왕자의 성이었다.

모리스는 촛대인 뤼미에르의 안내를 받아 성에 들어서고 차대접까지 받는다. 그런데 무서운 모습의 야수가 느닷없이 나타나 모리스를 침입자로 몰아 지하감옥에 가둔다. 벨은 아버지를 찾아 야수의 성에 도착하는데…

「미녀와 야수」는 영화로도 만들어진 유명한 동화이다. 위의 예문은 디즈니에서 애니메이션화한 「미녀와 야수」의 내용이다. 그 원래의 줄거리는 세 딸을 둔 어느 상인이 숲 속에서 야수에게 붙잡히면서 막내딸인 벨이 야수의 인질이 되고, 함께 지내던 벨과 야수가 어느새 서로를 사랑하게 된다는 것이다. 이 기괴한 사랑은 야수를 둘러싼 비밀이 밝혀지면서 비로소 선남선녀 사이의 아름다운 사랑으로 끝을 맺는다. 알다시피 야수는 실은 마법에 걸린 왕자였고, 그 저주를 풀 수 있는 것은 진정한 사랑이었다. 야수는 미녀의 참된 사랑으로 인해서 마법의 저주에서 벗어나게 된다. 동화 「개구리 왕자」와 비슷한 설정이다. 그러므로 이 동화는 일차적으로 '진정한 사랑은 외모와 무관하다'는 내용을 담고 있다고 하겠다.

한편 이 동화를 심층적으로 분석해 보면, 얘기는 조금 달라진다. 처음부터 끝까지 여자 주인공이 '미녀'이며, 그런 그녀를 남자 주인공이 사랑하게 된다는 점을 생각해보자. 반면에 남자 주인공은 '미녀'의 참사랑을 얻고 난 다음에 '야수'가 아닌 '왕자' 즉 '미남'으로 바뀐다. 동화의 세계에서 이런 마법은 언제든지 일어날 수 있는 일이다. 하지만 다른 모든 이야기들이 그러하듯이, 동화의 상상력은 현실을 토대로 한다. 말하자면 현실 세계를 상상력을 통해 재구성한 이야기의 하나가 동화라고 할 수 있다. 우리가 동화를 현실 세계로 옮겨와서 지극히 상식적으로 때로는 정신분석학적으로 재해석해 볼 여지가 마련되는 것은 이 때문이다.

먼저 아버지인 상인의 입장을 생각해보자. '미녀'는 세 딸 중 '막내'이다. 막내딸에 대한 아버지의 사랑에 대해서 길게 설명할 필요는 없을 것이다. 그런 딸의 남자친구나 처음 대면하는 사위에 대해 아버지는 어떤 태도를 보이는가. '사위 사랑은 장모'란 한국 속담은 사위를 탐탁찮게 여기는 아버지의 입장을 역설적으로 드러낸다고 하겠다. 서구적 시선에서는 이와 비슷하게 사위를 '야수'로 보는 것이라 추론할 수 있다. 장인의 마음을 얻기까지 그는 여전히 '야수'이다.

그렇다면 '미녀'의 입장은 어떠할까. 이를 이해하기 위해 생물학적 성(性)에 대해 처음 알게 되었던 사춘기 때로 돌아가 보자. 사전적 정의에 의하면, 사춘기는 "육체적 · 정신적으로 성인이 되는 시기"이다. 이 시기는 '제2차 성징'에 따라 육체의 성숙은 이루어졌으나, 정신이 그에 따르지 못해서 생기는 일종의 불균형 상태로부터 시작된다. 인생의 이 단계가 지나가는 것은 육체와 정신의 성숙이 함께 이루어질 때이다. 사춘기의 초기에 이른 청소년이 경험하는 것은 막연히 알고 있던 사랑과 성(性)에 대한 '환상'이 깨어지는 것이다. 이때 느끼는 최초의 성서적 반응은 일반적으로 '두려움' 혹은 '공포'이다. 이런 감정으로부터 자신을 보호하기 위해 청소년은 이전의 '환상'을 현실의 이성(異性)이 아닌 '우상'에게로 옮긴다. 이 시기의 청소년들이 '아이돌 스타(Idol star)'에 열광하는 것은 바로 이런 이유에서이다. 자연스럽게 현실의 이성은 '야수'와 같은 존재가 된다. 사춘기를 거치며 청소년들은 자신이 처한 현실의 이성을 다시 받아들일 수 있게 된다. '야수'는 그 때에야 '마법'이 풀리고 다시 '미남'이 된다.

이상은 「미녀와 야수」에 대한 상식적 차원의 재해석과 정신분석학 차원에서의 분석이었다. 한편 아래의 예문은 이 동화에서 영향을 받아서(혹은 반발하여) 쓰여진 또 하나의 동화의 서두이다. 바바라 G. 워커가 '패러디' 기법을 통해 재창조한 그 동화의 제목은 「못난이와 야수」이다.

> 「미녀와 야수」를 읽을 때마다 나는 여자 주인공이 덜 예쁘더라도 개성이 좀더 강했더라면 더욱 감명 깊을 것이라고 아쉬워했다. 그리고 야수가 잘생긴 왕자로 변한다는 대목에서는 잘생긴 왕자들이 흔히 그렇듯 남을 속이고, 이기적이며, 별로 호감이 가지 않는 사람으로 바뀌는 게 아닐까 염려했다.
>
> 소녀들에게 야수에 대한 공포 대신 짜릿한 사랑의 판타지를 심어주었던 이 변신 이야기 속에서도 전통적인 여성의 역할과 이미지를 발견할 수 있다. 즉 야수에게 사랑을 베풀어서 온전한 인간으로 변신시켜주는 미녀는 돌보고 양육하고 헌신적인 사랑을 베푸는 어머니이자 아내들일 것이다. 그러나 새 이야기에서는 동화 같은 사랑의 환상이 펼쳐지지 않는다. 마법의 기적은 변신을 불러오고 사랑의 환상을 실현시켜주겠지만 그것은 행복한 결말이 아닐 수도 있다. 야수와 못난이는 마법의 기적을 원하지 않는다. 서로의 있는 그대로의 모습을 사랑하는 것, 그것이 새 주인공들의 사랑법이고 해피엔딩에 이르는 길이었다.[1)]

1) 박혜란 역, 바바라 G. 워커 지음, 『흑설공주 이야기』, 뜨인돌, 2002, 24쪽.

〈연습과제〉

1. 「미녀와 야수」에 대해서 본문에서 분석한 이외의 문제에 대해 얘기해 보자.

2. 「미녀와 야수」의 패러디 작품인 「못난이와 야수」를 읽고 자신의 전공과 연계해서 해당 작품을 활용할 수 있는 다양한 방안에 대해 토론해 보자.

3. 「미녀와 야수」를 패러디한 영화는 우리에게 잘 알려진 「슈렉」이다. 이 영화에서 바바라 G. 워커와 같은 입장에서 풍자한 캐릭터와 세계를 들어서 설명해 보자.

5. 신데렐라

다음은 「신데렐라」를 새롭게 재구성한 동화이다. 특히 글쓴이는 신데렐라 동화 이면에 감춰진 여성의 사회적 억압과 차별 문제(예를 들어, 외모의 아름다움을 기준으로 여성을 평가하는 남성의 시선이나 그러한 시선에 부합하기 위해 미(美)를 가꾸는 여성의 문제점 등)를 전면에 내세우고 있다. 굵게 표기된 부분이 바로 여기에 해당하는 부분이다. 이 부분을 중심으로 동화를 읽어보자.

신데렐라[1)]

옛날 옛적에, 신데렐라라는 젊은 여자가 살고 있었습니다.

그녀를 낳은 생모는 신데렐라가 어렸을 때 돌아가셨습니다. 몇 년 뒤에 아버지는 과부와 재혼했는데, 계모는 신데렐라보다 나이가 많은 젊은 두 딸을 데려왔습니다. 계모는 신데렐라를 몹시 구박했고, ① 의붓언

1) 김석희 역, 제임스 핀 가너 지음, 「신데렐라」, 『정치적으로 올바른 베드타임 스토리』, 실천문학사, 1996.

니들은 신데렐라를 마치 무보수 하녀처럼 마구 부려먹었습니다.

하루는 그들의 집에 초대장이 날아들었습니다. ② 가난하고 소외된 농민들에 대한 착취를 자축하기 위해, 왕자가 가장무도회를 연다는 것이었습니다.

신데렐라의 의붓언니들은 궁전에 초대되자 기뻐서 어쩔 줄을 몰랐습니다. 그들은 값비싼 드레스를 준비하기 시작했는데, 그 옷을 이용하여 타고난 몸매를 비현실적인 여성미의 기준에 맞도록 억지로 바꾸고 예속시킬 작정이었습니다(그들은 유별나게 못생겨서 이 기준과는 동떨어져 있었기 때문에, 그들의 경우에는 이것이 더한층 비현실적인 기준이었습니다). 계모도 무도회에 갈 계획이었기 때문에, 신데렐라는 개보다 더 열심히 일해야 했습니다.(이 표현은 불행히도 종차별적이지만 적절한 비유입니다.)

무도회 날이 오자, 신데렐라는 계모와 의붓언니들이 야회복을 입는 것을 도와주었습니다. 이것은 정말 만만찮은 일이었습니다. 마치 비인간 동물 시체의 가공육 10Kg을 5kg들이 소시지 자루 속에 억지로 집어넣으려고 애쓰는 거나 마찬가지였습니다.

다음에는 엄청난 양의 화장품을 덕지덕지 찍어 바르는 작업이 이어졌지만, 여기에 대해서는 아예 말하지 않는 편이 좋을 것입니다.

저녁이 오자, 계모와 의붓언니들은 신데렐라에게 집안일을 다 끝내놓으라고 이르고 궁전으로 떠났습니다.

신데렐라는 슬펐지만, 홀리 니어(페미니스트이며 좌익계 포크송 가수: 역주)의 레코드를 듣는 것으로 마음을 달랬습니다.

그때 갑자기 불빛이 번쩍하더니, 헐렁한 무명옷에 챙 넓은 모자를 쓴 남자가 신데렐라 앞에 나타났습니다. 신데렐라는 그가 남부 출신의 변호사나 악단장인 줄 알았지만, 그는 곧 자기 신분을 밝혔습니다.

"안녕, 신데렐라. 나는 너의 수호천사란다. 네가 원한다면, 신의 대리인이라고 해도 좋아. 그런데 무도회에 가고 싶다고? 아름다움에 대한 남성들의 개념에 속박당하고 싶다고? 혈액 순환을 차단할 만큼 몸에 꼭 끼는 드레스 속에 네 몸을 억지로 쑤셔넣고 싶다고? 뼈의 구조를 망가뜨릴 하이힐 속에 네 발을 억지로 집어넣고 싶다고? ③ 비인간 동물을 대상으로 실험한 화장품을 네 얼굴에 바르고 싶다고?"

"네, 그래요."

신데렐라는 당장 대답했습니다.

수호천사는 긴 한숨을 내쉬고, 그녀에 대한 정치적 교육은 다른 날로 미루기로 마음먹었습니다.

그는 마술을 부려 신데렐라를 아름답고 눈부신 빛으로 감싼 다음, 눈 깜짝할 사이에 궁전으로 데려갔습니다.

그날 밤 궁전 밖에는 수많은 마차가 줄지어 늘어서 있었습니다. 마차를 여럿이 함께 타고 온다는 생각은 누구의 머리에도 떠오르지 않았던 모양입니다.

곧이어 노예 말들이 힘겹게 끄는 황금빛 마차를 타고 신데렐라가 도착했습니다.

그녀는 몸에 꼭 맞는 비단 드레스를 입고 있었습니다. ④ 이 비단은 아무 의심도 하지 않는 누에한테서 훔친 것입니다. 그녀의 머리는 진주로 장식되어 있었는데, 이 진주는 열심히 일하는 무방비 상태의 진주조개한테서 강탈한 것입니다. 그리고 위험한 생각처럼 여겨질지 모르지만, 발에는 아름답게 깍은 크리스탈 유리로 만든 구두를 신고 있었습니다. 신데렐라가 들어가자, 무도장에 있던 사람들의 머리가 일제히 그녀 쪽으로 돌아갔습니다.

바비 인형 같은 여자를 이상적인 여성으로 여기는 남자들은 그 이상형

에 완벽하게 들어맞는 신데렐라를 뚫어지게 바라보며 욕정을 불태웠습니다. 어릴 적부터 자신의 몸을 경멸하도록 길들여진 여자들은 시기심과 적개심이 뒤섞인 눈으로 신데렐라를 노려보았습니다.

신데렐라의 계모와 의붓언니들은 질투에 눈이 먼 나머지, 신데렐라를 알아보지 못했습니다.

마상 창 시합과 곰 놀리기(곰을 묶어놓고 개를 덤벼들게 하는 구경거리: 역주)에 대해 친구들과 의논하느라 여념이 없던 왕자도 곧 신데렐라를 보았습니다. 무도장을 둘러보던 왕자의 눈이 신데렐라의 자태를 재빨리 포착한 것입니다. 그리고 그녀를 본 순간, 왕자도 거기에 있던 대다수 사람들과 마찬가지로 한동안 말문이 막히는 일종의 발작을 일으켰습니다. 왕자는 속으로 생각했습니다.

'저 여자야말로 내가 아내로 삼아 우리 왕가의 완벽한 유전자를 물려받은 자손을 수태시킬 만한 여성이다. 그리하여 주위의 모든 왕자들이 나를 부러워하게 만들 수 있는 여성이다. 게다가 저 여자는 금발에 하얀 피부와 푸른 눈을 갖고 있다!'

왕자는 무도장을 가로질러, 점찍은 희생자를 향해 다가가기 시작했습니다. 그의 친구들도 신데렐라 쪽으로 걸어가기 시작했습니다. 무도장에 있던 다른 사내들도 70세 이상의 노인과 음료를 시중드는 급사들을 제외하고는 모두 그녀 쪽으로 이동하기 시작했습니다.

신데렐라는 자기가 일으키고 있는 소란에 기분이 우쭐해졌습니다. 그녀는 머리를 꼿꼿이 쳐들고 걸으면서, 사회적 지위가 높은 여성처럼 굴었습니다.

하지만 이 소란이 추악한 것, 적어도 사회적 역기능을 갖고 있는 무언가로 변질되고 있다는 사실이 곧 분명해졌습니다.

왕자는 그 젊은 여성을 '소유하겠다'는 결심을 친구들에게 분명히 밝혔습니다. 하지만 왕자의 결심은 친구들을 화나게 했습니다. 그들도 신데렐라에게 욕정을 느낀 나머지, 그녀를 소유하고 싶었기 때문입니다. 사내들은 소리를 지르며 서로 밀쳐대기 시작했습니다.

왕자와 가장 절친한 친구는 두뇌 발달이 좀 뒤떨어지긴 하지만 덩치가 큰 공작이었는데, 그가 무도장 한복판에서 왕자를 가로막고는 '자기'가 신데렐라를 갖겠다고 고집을 부렸습니다.

왕자는 친구의 사타구니를 걷어차는 것으로 자신의 기분을 나타냈습니다. 이로 말미암아 공작은 일시적으로 전신마비 상태에 빠졌습니다.

하지만 성적 욕망 때문에 제정신을 잃어버린 다른 사내들이 당장 왕자를 붙잡았습니다. 왕자는 수많은 인간 동물들 속으로 사라졌습니다.

남성 호르몬이 광포하게 표출되는 것을 보고, 여자들은 질겁했습니다. 하지만 싸우는 남자들을 떼어놓으려 해도 도저히 떼어놓을 수가 없었습니다.

다른 여자들한테는 신데렐라가 이 모든 말썽의 원인처럼 보였기 때문에, 그들은 신데렐라를 에워싼 가운데, 같은 여성에 대한 동정이라고는 전혀 없이 적대감만을 보이기 시작했습니다.

신데렐라는 달아나려고 했지만 실용성과는 동떨어진 유리 구두를 신고 있어서 도망치는 것은 거의 불가능했습니다. 그녀에게는 다행한 일이지만, 다른 여자들도 불편한 구두를 신고 있는 것은 모두 마찬가지였습니다.

소란이 너무 커졌기 때문에 탑의 시계가 자정을 알리는 소리를 아무도 듣지 못했습니다.

종이 열두 번 울린 순간, 신데렐라의 아름다운 드레스와 신발은 사라졌습니다. 그녀는 다시 촌스러운 누더기를 걸치고 있었습니다. 계모와 의붓언니들은 이제 그녀를 알아보았지만 입장이 난처해질까봐 입을 다물었습니다.

여자들은 이 마술적인 변신에 깜짝 놀라서 조용해졌습니다.

드레스와 구두의 속박에서 해방된 신데렐라는 숨을 깊이 들이마시면서 기지개를 켜고 옆구리를 득득 긁었습니다. 그리고는 미소를 지으면서 눈을 감고 말했습니다.

"자, 원한다면 나를 죽이세요, 여러분. 하지만 적어도 나는 즐거운 마음으로 죽을 거예요."

그녀를 둘러싼 여자들은 또다시 샘이 났습니다. 하지만 이번에는 다른 반응을 보였습니다. 신데렐라에게 앙갚음하는 대신, 그들은 고래수염으로 몸에 꼭 끼게 만든 조끼와 코르셋과 구두를 비롯해서 몸을 옥죄고 있던 옷가지를 모조리 벗어던졌습니다.

마침내 속박에서 해방된 그들은 완전한 기쁨에 겨워 속치마만 입은 채 맨발로 춤을 추고, 팔짝팔짝 뛰고, 소리를 질렀습니다.

남성적 파괴의 춤에 열중해 있는 남자들이 고개를 들었다면, 정숙한 여자들이 마치 침실에 있는 것처럼 흐트러진 옷차림을 하고 있는 것을 보았을 것입니다. 하지만 남자들은 서로 때리고 주먹을 날리고 발로 걷어차고 할퀴느라 여념이 없었습니다. 그들은 이 같은 짓을 한 사람도 남지 않고 모두 죽을 때까지 계속했습니다.

〈연습과제〉

1. 제임스 핀 가너가 쓴 「신데렐라」와 원작 「신데렐라」 동화의 차이점과 공통점을 찾아보자.

> **Tip**
>
> 예를 들어, 제임스 핀 가너가 쓴 「신데렐라」에서 '유리구두'는 신데렐라의 아름다운 여성미와 낭만적 사랑을 완성시켜주는 여성의 로망을 상징하는 소재가 아니라, 편하게 신을 수 없는 실용성이 떨어지는 물건으로 제시된다. 이밖에도 스토리가 진행됨에 따라 변화되는 신데렐라의 의식에서도 두 동화의 차이점을 찾을 수 있다.

2. 마지막 부분에서 신데렐라를 비롯하여 파티에 참가한 여성들이 드레스와 구두를 모두 벗어던지고 신나게 춤을 추는 장면이 의미하는 바를 이 동화의 주제와 관련해서 해석해보자.

3. ① ~ ④ 부분은 현재 우리 주변에서 일어나는 여러 사회적 문제를 지적하고 있다. 그 문제는 무엇인지 함께 토론해보자.

> **Tip**
>
> 예를 들어, ①과 ②부분은 무보수나 낮은 임금으로 노동력을 착취당하는 현재 노동환경의 문제점과 연결시킬 수 있다. 또한 ③과 ④는 자신의 편익 위주로 자연을 훼손하고 강탈하는 인간의 이기적 행위와 관련된다.

6. 이전기열(以癲寄烈)

「이전기열以癲寄烈」은 19세기말 중국의 세태를 반영하면서 근대지향 주제를 다루기도 한 선정(宣鼎 : 1835-1880)의 『야우추등록 夜雨秋燈錄』에 수록되어 있는 작품이다. 제목의 뜻은 '미쳐서 정렬(貞烈)을 이루다'이다. 작품 말미의 논평은 작품과 다른 경계에 위치하지만, 중국 소설의 관습으로는 작품의 일부이다. 중국소설 특유의 소설형식이며 독자의 작품읽기에 영향력을 행사한다. 논평에 이르기까지 이 작품을 정독하면서 특히 팽 씨의 언행을 주목하고 그 내면의 동향을 추정해보자.

… 선비 왕관경(王官慶)의 병이 심해져 임종에 이르렀다. 아내 팽(彭) 유인(孺人)은 오열하며 왕관경에게 물었다. "저는 부모의 명을 받들어 당신의 아내가 되었으나 겨우 일기(一紀 : 12년)가 평생이 되었어요. 당신이 날 버리고 가려하고 자식도 없으니 장차 저더러 어떻게 하라는 건가요?" 왕관경은 이미 말문이 닫혀, 굳게 그녀의 손을 잡고 옷소매를 잡아당기기를 세 번이나 하여 꼭 수절(守節)해줄 것을 나타내었다. … 그녀는 조카를 후사로 택정(擇定)한 다음 장례를 치르고 돌아와서는

발광하여 통곡하고 기절하였다. 깨어나고 깨어나선 또 통곡하였다. 음식을 주어도 먹지 않았고 자야할 때도 자지 않았다. 위로하는 사람이 있으면 즉시 목을 매려하였다. … 가족들은 그녀가 미친 것을 두려워해 방에 가두고 창문으로 음식을 넣어 주었다. … 열흘쯤 뒤에 시어미가 음식을 넣어주지 않고 어떻게 하나 살폈으나 미친 소리는 여전하였다. … 빈 침상 위에 가부좌한 모습이 마치 도사나 중이 열반할 때의 모양과 같았다.

오농씨(懊儂氏)[1]는 말한다. "기자(箕子)가 미친 척 한 것은 충(忠)이었고 대순이 울부짖었던 것은 효(孝) 때문이었다. 팽유인이 노래하고 울고 소리 지르고 욕하며 괴이하게 군 것은 열(烈)을 위해서였으니, 정족(鼎足)이 된다. 사람들에겐 어찌할 수 없을 때에 하늘을 부르나 응해주지 않고 땅을 부르나 영험이 없는 그런 경계가 분명히 있다. 몸이 궁지에 빠지고 그 처지가 참담하니 그만두고 싶다고 어찌 될 수 있었겠는가? 추군(鄒君) 낙생(雒生)이 이 일을 기록하였고, 내가 아울러 소설로 쓴다."

〈연습과제〉

1. '오농씨'의 논평에 동의하는가? 동의한다면 그 이유는 무엇인가?

2. '오농씨'의 논평에 동의하지 않는다면 어떤 해석이 가능한가?

---

1) 오농(懊儂) : 이 작품의 작가 선정의 호이다.

제 Ⅳ 장

나도 참여하는 세계

1. 시적 상상력 1) : 시 재구성하기 – 수수께끼 풀기
2. 시적 상상력 2) : 시 패러디 – 사고의 유희와 또 다른 진실
3. 광고 카피(copy) – 나도 누구의 눈도 끌 수 있다
4. 이미지와 자유연상 – 즐거운 산책
5. 광고 사진과 의도 – 메시지를 건져 내자
6. 상품 소개 – 나의 고객을 위하여
7. 네이밍(naming) – 또 하나의 창조
8. 이야기와 상상력 – 내가 운명을 바꾼다

1. 시적 상상력

1) 시 재구성하기 - 수수께끼 풀기

디지털 시대, 시(詩)는 정말 시시한 걸까?

스마트폰이나 컴퓨터 등 디지털 매체의 보급과 더불어 급속도로 성장한 트위터, 인터넷 커뮤니티의 글쓰기 세계 속에 사는 우리에게 시는 먼 나라의 이야기처럼 느껴지기도 한다. 하지만 우리는 여전히 곳곳에서 시와 만나고 부딪힌다. 왜 여러 인터넷 커뮤니티나 블로그에서 네티즌들은 좋아하는 시를 올리거나 스크랩할까? 왜 대형서점 베스트셀러 코너에는 매번 시집 서너 권은 꽂혀 있을까? 왜 아직도 많은 사람들은 시 쓰기를 갈망할까?

그 이유는 시가 우리에게 전달하는 특별한 것이 있기 때문이다. 그것이 바로 '시적 상상력'이다. 우리의 가슴을 떨리게 하는 시의 한 구절은 수십 권의 소설보다도 우리에게 무한한 감동과 여운을 준다.

시적 상상력은 우리에게 많은 아이디어와 영감을 준다. 시와는 전혀 상관없는 업종에 종사하는 사람들에게도 시의 마력은 무한하다. 창의적 사고는 자신이 속한 상황 안에 안주하고 머무를 때 생성되지 않는다. 끊임없이 다른 것을 접하고 감각하는 과정 속에서 현재의 삶과 밀접한 아이디어와 상상력이 떠오른다. 시적 상상력은 현대 사회에서 우리를 창의적 사고로 이끄는 활력소가 될 수 있다.

시의 구성 원리와 시적 상상력

시는 지시적 의미를 전달하는 실용적 글쓰기와는 다르다. 시는 우리가 느낀 정서나 감정을 운문의 형식으로 표현하는 문학 양식이다. 특히 운문으로 메시지를 드러내야 하는 시의 형식상 시는 비유적이고 암시적인 표현이 많이 활용된다. 이 때문에 시어 하나, 시행 한 줄은 여러 가지 의미를 지닌다. 시의 중요 특징인 함축성, 다의미성, 상징성 등은 바로 여기서 발생한다. "내 마음은 호수요"라는 김동명의 시 「내 마음」에서 내 마음은 호수가 이끄는 여러 의미-청명함, 출렁거림, 쓸쓸함, 깊음-등의 의미를 모두 수반한다. 이 경우 시적 상상력은 유사성을 중심으로 이루어진다.

이에 반해 비약과 전복을 통해서도 시적 상상력이 이루어지는 경우도 있다. 다음의 시를 같이 살펴보자.

> 사랑하는 나의 하나님, 당신은
> 늙은 비애다
> 푸줏간에 걸린 커다란 살점이다
>
> – 김춘수, 「나의 하나님」 부분

이 시는 하나님을 늙은 비애, 푸줏간에 걸린 커다란 살점으로 비유하였다. 이 시에서 하나님은 우리가 일반적으로 생각하는 신성하고 절대적 의미를 갖고 있는 신의 의미를 배반한다. 따라서 처음 이 시를 접한 독자들에게 이 시인의 당당한 발언은 충격적으로 느껴질 것이다. 시인은 신에 대한 일반화된 사고를 전복시키고, 새로운 의미로 "나의 하나님"을 규정함으로써 '하나님'을 재해석한다. 이처럼 일상적인 관습적 의미를 탈피하여 독창적으로 대상을 인식할 때도 시적 상상력이 작동된다.

숨겨진 시의 의미 찾기

시적 상상력은 시를 쓰는 시인에게만 필요한 것이 아니다. 시를 읽는 독자들이 시의 숨겨진 의미를 찾아가는 과정에서도 시적 상상력은 필수적으로 요구된다. 인용한 시를 함께 읽어 보자.

시가 내게로 왔다

파블로 네루다

그러니까 그 나이였다. 시가 날 찾아왔다.

난 모른다. 어디서 왔는지
겨울에서였는지 강에서였는지
언제 어떻게 왔는지

아니,
목소리는 아니었다.
말(言)도,
침묵도 아니었다.
하지만 어느 거리에선가 날 부르고 있었다.

밤의 가지들로부터
느닷없이 타인들 틈에서
격렬한 불길 속에서
혹은
내가 홀로 돌아올 때,
얼굴도 없이 거기에 지키고 섰다가
나를 건드리곤 했다.

난 뭐라 말해야 할지 몰랐다.
나의 입은 이름 부를 줄 몰랐고
나는 눈멀었었다.
그런데
무언가 내 영혼 속에서 꿈틀거렸다.
열병 혹은 잃어버린 날개들이
그 불에 탄 상처를 해독하며
난 고독해져갔다.

그리고 막연하게 첫 행을 썼다.
형체도 없이,

어렴풋한, 순전한 헛소리,
쥐뿔도 모르는 자의 순량한 지혜
그때 나는 갑자기 보았다.

하늘이 걷히고 열리는 것을,
혹성들을
고동치는 농장들을
화살과 불과
꽃에 만신창이가 된 구멍 뚫린 그림자를,
소용돌이치는 밤을
우주를 보았다.

그리고 나
티끌만한 존재는
신비를 닮은 신비의 형상을 한,
별이 가득 뿌려진 거대한 허공에 취해
내 자신이 심연의 순수한 일부임을 느꼈다.

나는 별들과 함께 떠돌았고,
내 가슴은 바람 속에서 멋대로 날뛰었다.

대부분의 사람들은 한 번에 이 시의 의미를 이해하지 못할 것이다. 그 이유는 시인이 자신이 말하고자 하는 메시지를 직접적으로 말하지 않고 비유적으로 표현하거나, 감춰 놓았기 때문이다. 시 읽기의 묘미는 이 감추어진 메시지를 시인이 제시한 시어와 시행을 토대로 찾아가는 것이다. 처음에는 어렵겠지만 두 번 세 번 읽다보면 다른 행보다 이해하기 쉬운 부분이 발견될 것이다. 그 행들을 바탕으로 다시 차근차근 읽고 시적 상상력을 발휘해서 그 의미를 살핀다면, 시를 풀 수 있는 숨겨진 열쇠를 찾을 수 있다. 시를 읽는 것은 일종의 수수께끼를 푸는 것과도 같다. 이를 바탕으로 다음의 문제에 답해 보자.

이 시에서 네루다는 시가 어떻게 자신에게 왔고, 시를 통해 자신이 만났던 새로운 세계와 느낌에 대해 말하고 있다. 이것이 무엇인지 '시적 상상력'과 관련해 생각해 보자.

Tip

1. 시인은 언제 시가 자신에게 왔다고 말했는지 그 구절을 찾아보자.
2. 시인이 시를 쓰고 새롭게 만난 경험과 느낌에 해당하는 구절을 찾아보자.
3. 각각 해당되는 구절을 찾았다면 그 구절이 의미하는 바를 구체적으로 풀어 써 보자.

〈연습과제〉

1. 시는 시어와 시어, 시행과 시행 간의 비유 구조와 의미 관계에 따라 새로운 의미를 지닌다. 아래 인용된 두 편의 시를 비교해보면, 어떤 시어가 배치되느냐에 따라 시의 의미가 판이하게 달라지는 것을 알 수 있다. 이를 참고하여 황동규의 시 「즐거운 편지」의 빈 칸을 채워 보자.

■ 원래 작품

대학 시절

기형도

나무의자 밑에는 버려진 책들이 가득하였다.
은백양의 숲은 깊고 아름다웠지만
그곳에는 나뭇잎조차 무기로 사용되었다.
그 아름다운 숲에 이르면 청년들은 각오한 듯
눈을 감고 지나갔다, 돌층계 위에서
나는 플라톤을 읽었다, 그 때마다 총성이 울렸다.
목련철이 오면 친구들은 감옥과 군대로 흩어졌고
시를 쓰던 후배는 자신이 기관원이라고 털어놓았다.
존경하는 교수가 있었으나 그분은 원체 말이 없었다.
몇 번의 겨울이 지나자 나는 외톨이가 되었다.
그리고 졸업이었다, 대학을 떠나기가 두려웠다.

(『입속의 검은 잎』, 문학과 지성사, 1994.)

■ 학생 사례

대학 시절

박○○(남, 21세)

나무의자 밑에는 버려진 쓰레기들이 가득하였다.
은백양의 숲은 깊고 아름다웠지만

그곳에서는 나뭇잎조차 휴지로 사용되었다.
그 아름다운 숲에 이르면 청년들은 각오한 듯
눈을 감고 지나갔다, 돌층계 위에서
나는 신문을 읽었다, 그때마다 머리가 깨질듯이 아팠다.
목련철이 오면 친구들은 술집과 피시방으로 흩어졌고
시를 쓰던 후배는 자신이 무능력자라고 털어놓았다.
존경하는 교수가 있었으나 그분은 원체 말이 없었다.
몇 번의 이별이 지나자 나는 외톨이가 되었다.
그리고 졸업이었다, 대학을 떠나기가 두려웠다.

■ 평가

기형도의 시는 타락한 정권에 대항하여 우리 사회의 민주화를 위해 싸웠던 1980년대 대학생들의 삶을 다루고 있다. "총성", "감옥", "기관원" 등의 시어나 "버려진 책들", 나뭇잎까지 "무기"로 사용되었다는 시행은 당시의 시대 상황을 상징적으로 보여 준다. 그 시대에는 아름다움을 보는 것조차 사치였으므로 청년들은 "눈을 감고" 숲을 지나갔다. 철학책을 넘길 때마다 들려오는 총성은 진리와 윤리가 통용될 수 없었던 당대의 타락성을 보여 준다. 시를 쓰던 후배가 사실은 운동권 학생들을 잡기 위해 비밀리에 파견된 "기관원"이라는 것을 알게 되었을 때 몰려오는 배신감은 얼마나 컸을까? 또 자신이 기관원이라고 솔직히 고백했던 청년의 심경은 얼마나 비참했을까? 이 시는 이처럼 암울하고 고통스럽게 펼쳐졌던 1980년대 대학 시절을 압축적이고 비유적으로 잘 형상화하고 있다.

기형도의 시가 1980년대의 대학 시절을 보여주고 있다면, 학생 작품은 현재 대학생의 삶을 보여 준다. 교정에 가득한 쓰레기와 나뭇잎조차 휴지처럼 사용되었다는 시행은 도덕적 의식이 약화된 요즘 대학생의 삶을 날카롭게 직시한 구절이다. 신문을 읽을 때마다 머리가 깨지도록 아팠다는 시행 역시 취업난 등 여러 사회적 문제가 끊일 날 없는 현실에 대한 비판 의식이 반영되어 있다. 목련이 피는 새 학기가 되면 술집이나 피시방으로 흩어지는 친구들의 모습은 아직 목표나 지향점이 없이 방황하는 대학생의 불안한 삶을 대변한다. 학생은 물질적 이윤이 삶의 절대 기준이 되는 현실에서 시를 쓰는 행위는 "무능력자"라고 평가받을 수밖에 없는 현실을 담담히 제시한다. 학생의 쓸쓸한 심경은 몇 번의 연애와 이별 속에서 외톨이가 되었다는 시행에서 단적으로 드러난다. 이 작품은 기형도 시의 일부 시어를 교체하여, 이 시대의 지향점 없는 대학생들의 고뇌와 방황, 쓸쓸한 심리를 매우 세세하게 보여주고 있다는 점에서 높이 평가된다.

즐거운 편지

황동규

1.

내 그대를 생각함은
항상 그대가 앉아 있는 ( )에서
해가 지고 바람이 부는 일처럼 ( ) 일일 것이나
언젠가 그대가 한없이 ( ) 속을 헤매일 때에
오랫동안 전해 오던 그 ( )으로(로)
그대를 불러 보리라.

2.

진실로 진실로 내가 그대를 사랑하는 까닭은
내 나의 사랑을 한없이 잇닿은
그 ( )으로(로) 바꾸어 버린 데 있었다.
밤이 들면서 골짜기엔 눈이 퍼붓기 시작했다.
내 사랑도 어디쯤에선 반드시 그칠 것을 믿는다.
다만, 그 때 내 기다림의 ( )를(을) 생각하는 것뿐이다.
그 동안에 눈이 그치고 꽃이 피어나고 낙엽이 떨어지고
또 눈이 퍼붓고 할 것을 믿는다.

(『황동규 시전집 1』, 문학과지성사, 1998.)

2. 다음의 시는 시의 정황에 대한 정보가 매우 적다. 각 행들은 "누군가"에게 일어난 사건과 상황을 제시하고 있지만 궁극적으로 왜 그런 사건과 상황이 일어났고, 이것들이 서로 어떻게 연관되는지에 대해서는 순전히 독자의 상상에 맡기고 있다. 시적 상상력을 발휘해서 한 편의 이야기로 다음 시를 풀어 써 보자.

메시지

쟈끄 프레베르

누군가 연 문
누군가 닫은 문
누군가 앉은 의자
누군가 쓰다듬은 고양이
누군가 깨문 과일
누군가 읽은 편지
누군가 넘어뜨린 의자
누군가 연 문
누군가 아직 달리고 있는 길
누군가 건너지르는 숲
누군가 몸을 던지는 강물
누군가 죽은 병원

(김화영 역, 『절망이 벤치 위에 앉아있다』, 열화당, 1996)

Tip

1. 여기서 "누군가"는 동일한 사람일 수도 있고, 다른 사람일 수도 있다. 또한 같은 공간에서 일어난 정황일 수도 있고, 서로 다른 공간에서 일어나는 정황일 수도 있다. 이 점에 유의해서 이야기를 만들어 보자.
2. 예시작품을 읽어 보고 시적 상상력을 발휘해보자.

■ 예시

제목 : 그 남자 이야기

최○○(남, 22세)

병실엔 또 다시 혼자다. 문이 열린다. 그녀는 앞모습을 감추며 문을 닫는다. 그리고 다시 돌아 괜찮냐는 표정으로 그녀는 의자에 앉았다. 그리고는 나를 고양이처럼 쓰다듬으며 쾌유를 빈다. 힘없는 손으로 나는 과일을 내민다. 한 입을 깨물어 먹더니 그녀는 이내 과일을 내려놓는다. 그리고 손으로 쓴 편지를 내민다. 몇 자 읽고 가식적인 내용에 편지를 읽는 걸 그만둔다. 그녀는 그런 나를 보고 당황한 기력을 보이며 의자까지 넘어뜨리며 나간다. 병실문이 열린다. 복도가 보인다. 많은 사람들이 빠르게 복도를 지나다닌다. 보인다. 우거진 숲을 건너며 생사를 오가고 강물에 몸을 던지는 사람들, 그들은 그렇게 병원과 함께 죽어간다.

■ 평가

이 글은 병실에 있는 '나'와 병문안 온 '그녀'의 설정으로 이야기를 만들었다. 제시된 시 구절에 따라 나와 그녀의 이야기를 설득력 있게 전개하고 있다. 특히 후반부로 갈수록 우울해지는 이 시의 분위기를 잘 살려, 죽음의 기운이 드리워진 병원과 나의 심리를 내밀하게 그려낸 점이 인상적이다.

시 〈메시지〉를 한 편의 이야기로 재구성하기

제목 :

2. 시적 상상력

2) 시 패러디하기-사고의 유희와 또 다른 진실

패러디란 무엇인가?

문학에서 패러디는 기존 작품을 창조적으로 모방하고 변용하는 기법이다. 패러디는 원작(原作)에 많은 부분을 빚지고 있지만, 창의적 사고를 바탕으로 이를 새롭게 재구성한 글쓰기라는 점에서 또 다른 창작이라고 할 수 있다. 문학뿐만 아니라 광고, 노래, 코미디, 영화, 드라마 등 여러 분야에서 패러디가 많이 활용된다는 점은 패러디가 지닌 상상력의 가능성을 잘 보여 준다.

Tip

패러디에 대한 정의는 관점에 따라 하나의 작품이 다른 작품을 '조롱하거나 희화화' 시킨다는 좁은 개념으로 사용되기도 하고, 작품과 작품 간의 '반복과 다름'이라는 넓은 개념으로 사용되기도 한다.

시적 상상력과 패러디

시에서 패러디의 성패는 원작이 새롭게 쓴 작품의 문맥 안에서 어떠한 힘을 발휘하고 있는가에 달려 있다. 이때 창작자의 독창적인 시적 상상력은 패러디의 가치를 결정하는 중요한 요소가 된다. 창작자의 창의성은 창작자가 기존 작품을 얼마나 깊이 이해하고 자기화했는지에 따라 달라진다. 패러디시는 원래 작품에 대한 창작자의 창의적 해석과 이해를 바탕으로 새롭게 탄생한다.

수용자인 독자의 관점에서도 패러디 시는 시적 상상력을 촉발한다. 패러디는 독자로 하여금 기존 작품에 대한 기대를 환기하고, 그 기대와 충돌하게 만든다. 기존 작품이 다른 작품에 인용되고 그 인용이 발전되거나 변화될 때, 독자는 두 작품 사이에서 창의적인 시적 인식을 만날 수 있다.

우리가 잘 알고 있는 「주기도문」을 패러디한 다음 시를 통해 패러디의 기능과 효과를 보다 명백하게 알 수 있다.

주기도문, 빌어먹을

박남철

지금 하늘에 계신다 해도
도와주시지 않는 우리 아버지의 이름을
아버지의 나라를 우리 섣불리 믿을 수 없사오며
아버지의 하늘에서 이룬 뜻은 아버지 하늘의 것이고

땅에서 못 이룬 뜻은 우리들 땅의 것임을, 믿습니다.
(믿습니다? 믿습니다를 일흔 번쯤 반복해서 읊어 보시오.)
오늘날 우리에게 일용한 고통을 더욱 많이 내려 주시고
우리가 우리에게 미움 주는 자들을 더더욱 미워하듯이
우리의 더더욱 미워하는 죄를 더, 더더욱 미워하여 주시고
제발 이 모든 우리의 얼어 죽을 사랑을 함부로 평론치
마시고
다만 우리를 언제까지고 그냥 이대로 내버려 둬, 두시겠습
니까?

대개 나라와 권세와 영광은 이제 아버지의 것이
아니옵니다(를 일흔 번쯤 반복해서 읊어 보시오)
밤낮없이 주무시고만 계시는
아버지시여
아멘

이 시는 주기도문의 경건하고 엄숙한 문체를 전복하고 있다. 이 시에 쓰인 괄호 안의 진술들은 주기도문을 희화화하고 조롱한다. 독자들은 기존 주기도문과는 판이하게 다른 이 시를 통해 새로운 시적 경험을 하게 된다. "빌어먹을" 등의 비속어로 대표되는 시인의 풍자와 비판적 시각으로 재해석된 주기도문은 독자로 하여금 이 시대의 주기도문의 의미를 다시 생각하게 만든다. 특히 이 시가 창작되었던 당시 사회적 배경을 고려했을 때 시인의 냉소적 시각은 더욱 확대된다.

시인은 표면적으로는 우리를 돌보지 않고 "밤낮없이 주무시고만 계시

는" 하나님을 조롱한다. 하지만 그 이면에는 전지전능한 신의 절대적 보호가 무의미한 타락한 사회 현실에 대한 비판이 숨어있다. 마지막 연은 그러한 시적 의도가 직접적으로 드러난 부분이다. 주기도문이 통용되지 못한 이 시대의 부정성을 시인은 주기도문을 패러디함으로써 효과적으로 표현하고 있다.

〈연습과제〉

1. 현재 자신의 삶을 반영하여, 다음 시를 패러디해보자

나는 내 인생이 마음에 들어

이근화

나는 내 인생이 마음에 들어
한 계절에 한 번씩 두통이 오고 두 계절에 한 번씩 이를 뽑는 것
텅 빈 미소와 다정한 주름이 상관하는 내 인생!
나는 내 인생이 마음에 들어
나를 사랑한 개가 있고 나를 몰라보는 개가 있어
하얗게 비듬을 떨어뜨리며 먼저 죽어가는 개를 위해
뜨거운 수프를 끓이기, 안녕 겨울
푸른 별들이 꼬리를 흔들며 내게로 달려오고
그 별이 머리 위에 빛날 때 가방을 잃어버렸지
가방아 내 가방아 낡은 침대 옆에 책상 밑에
쭈글쭈글한 신생아처럼 다시 태어날 가방들
어깨가 기울어지도록 나는 내 인생이 마음에 들어
아직 건너보지 못한 교각들 아직 던져보지 못한 돌멩이들
아직도 취해보지 못한 무수히 많은 자세로 새롭게 웃고 싶어

*

그러나 내 인생의 1부는 끝났다 나는 2부의 시작이 마음에 들어많은
가게들을 드나들어야지 새로 태어난 손금들을 따라가야지
좀더 근엄하게 내 인생의 2부를 알리고 싶어
내가 마음에 들고 나를 마음에 들어 하는 인생!
계절은 겨울부터 시작되고 내 마음에 드는 인생을
일월부터 다시 계획해야지 바구니와 빵은 아직 많이 남아 있고
접시 위의 물은 마를 줄 모르네
물고기들과 꼬리를 맞대고 노란 별들의 세계로 가서
물고기 나무를 심어야겠다

*

3부의 수프는 식었고 당신의 입술로 흘러드는 포도주도
사실이 아니야 그렇지만 인생의 3부에서 다시 말할래
나는 내 인생이 정말로 마음에 든다
아들도 딸도 가짜지만 내 말은 거짓이 아니야
튼튼한 꼬리를 가지고 도끼처럼 나무를 오르는 물고기들
주렁주렁 물고기가 열리는 나무 아래서
내 인생의 1부와 2부를 깨닫고
3부의 문이 열리지 않도록 기도하는 내 인생!
마음에 드는 부분들이 싹둑 잘려나가고
훨씬 밝아진 인생의 3부를 보고 있어
나는 드디어 꼬리치며 웃기 시작했다

(『우리들의 진화』, 문학과지성사, 2009.)

Tip

1. "나는 내 인생이 마음에 들어"라는 이 시의 제목은 정말 인생이 마음에 든다는 말일 수도 있고, 이와는 반대 의미의 반어적 표현일 수도 있다. 이 점을 고려해서 패러디를 해 보자.
2. 동일한 문장 구조의 형태로 시어나 싯구의 일부를 교체하는 것도 패러디의 한 방법이다.
3. 이 시의 묘미는 "나는 내 인생이 마음에 들어"를 반복하면서 얻는 시적 여운에 있다. 패러디할 때도 반복적으로 이 구절을 배치해 보자.
4. 다음의 예시 작품을 참고해 보자.

■ 예시 1

나는 내 얼굴이 마음에 들어

이○○(여, 20세)

나는 내 얼굴이 마음에 들어
한 계절에 한 번 헌팅이 들어오고 두 계절에 한 번씩 차이는 것
썩소와 친숙한 팔자주름이 상관하는 내 얼굴!

반짝이는 별들이 으르렁거리며 내게 멀어져가고
그 별이 멀어져 갈 때 얼굴을 잃어버렸지
얼굴아 내 얼굴아 낡아가는 세월 아래
탱탱한 아기 피부처럼 다시 태어날 내 얼굴
어깨가 절로 펴지도록 나는 내 얼굴이 마음에 들어
아직 건너가보지 못한 집 밖 아직 던져보지 못한 돌멩이들
아직 취해보지 못한 무수한 표정으로 새롭게 웃고 싶어

■ 예시 2

나는 내 인생이 재밌어 보여

주○○ (남, 23세)

나는 내 인생이 재밌어 보여
한 달에 한 번씩 소개팅이 있고 두 달에 한 번씩 에프터 받는 것
해맑은 미소와 굿바이 멘트를 날려보는 술자리

때로는 나는 내 인생이 아프기도 해
나를 사랑한 여자가 있고 그걸 몰라주는 여자가 있어
뜻없이 건네는 말 한마디에 홀로 죽어가는 나를 위해
진실된 애정을 듬뿍, 굿바이 솔로!
또 다른 여우들 꼬리 흔들며 내게로 오고 있고
그 여우들 머리 위에 있을 때 난 자신감을 얻었지
마음아 내 마음아 상처받은 과거 속에
파릇파릇한 새싹과 같이 돋아날 마음들

시선을 이리저리 돌리도록 나는 내 인생이 신기해보여
아직 채찍질 못한 내 의지 아직 길들어지지 않는 원석
아직 안겨보지 못한 꿈 같은 길로 들어서고 싶어

■ 평가

두 학생의 작품 모두 자신의 삶을 반영해서 새로운 시를 탄생시켰다. 공통적으로 두 작품은 원래 시에서 반복된 "나는 내 인생이 마음에 들어"라는 문형을 각각 "나는 내 얼굴이 마음에 들어", "나는 내 인생이 재밌어 보여"로 패러디했다. 각 시는 이 문장을 중심으로 시의 내용이 재구성되었다. 〈예시1〉의 경우 얼굴에 대한 학생의 관찰과 유머가 돋보인다. 능수능란하게 이 학생은 이근화 시를 패러디하여 '얼굴'이 상징하는 자기 정체성의 고민을 보여주고 있다. 특히 "반짝이는 별들이 으르렁거리며 내게 멀어져가고/ 그 별이 멀어져 갈 때 얼굴을 잃어버렸지"라는 표현에서 얼굴을 잃어버리고

방황하는 자신의 심리를 뛰어난 시적 상상력으로 표현하였다. 이는 1연에서 다소 우스꽝스럽게 표현되었던 얼굴의 의미와 대비되면서 묘한 여운을 준다.

〈예시2〉의 작품도 이근화 시의 구조와 싯구를 바탕으로 재미있는, 허나 슬프기도 한 인생을 그리고 있다. 특히 젊은이들에게 민감한 연애와 사랑의 문제를 코믹하고 풍자적으로 풀어낸 점이 흥미롭다. 이 시에서 가장 주목되는 부분은 가벼운 연애담 이면에 숨어 있는 자신의 상처를 발견하는 대목이다. 학생은 상처투성이인 자신의 '마음'과 대면하면서 길들어지지 않은 '원석' 같은 자신의 삶을 되돌아본다. 그리하여 마침내 "아직 안겨보지 못한 꿈 같은 길"로 가고 싶다는 소망을 품는다. 이 지점에서 우리는 자기화된 패러디시가 갖는 놀라운 시적 상상력의 힘을 볼 수 있다.

제목 :

2. 다음의 시도 자유롭게 패러디해보자.

일요일에 심장에게

비스와바 쉼보르스카

내 심장아, 정말 고맙다.
보채지도, 소란을 피우지도 않아서.
타고난 성실성과 부지런함에 대해
그 어떤 보상도, 아첨도 요구하지 않아서.

너는 1분에 70번의 공로를 세우고 있구나.
네 모든 수축과 이완은
바다 한가운데로
조각배를 밀어내듯
세상의 주위를 맴돌고 있구나.

내 심장아, 정말 고맙다.
한 번, 또 한 번,
나를 전체에서 분리시켜주어서
심지어 꿈에서조차 따로 끄집어내주어서.

내 심장아, 정말 고맙다.
내가 잠에서 깨어날 수 있게 해주어서.
비록 오늘은 일요일.
안식을 위해 마련된 특별한 날이지만,
내 갈비뼈 바로 아래쪽에선
휴일을 코앞에 둔 분주하고, 일상적인 움직임이
여전히 계속되고 있다.

(최성은 역, 『끝과 시작』, 문학과지성사, 2007.)

Tip

시의 제목을 「토요일의 발바닥에게」, 「일요일의 얼굴에게」처럼 요일과 신체기관을 바꾸어 패러디 해보자. 물론 이외에도 매우 다양한 소재를 활용하여 시의 제목이나, 구절을 패러디할 수도 있다.

제목 :

3. 광고 카피(copy)
-나도 누구의 눈도 끌 수 있다

미디어 이론가이자 문화비평가였던 마셜 맥루한(H. M. McLuhan)은 "광고는 20세기의 가장 위대한 예술이다(Advertising is the greatest art of the twentieth century.)"라고 말한 바 있다. 그의 말은 후기 산업사회, 즉 정보화 사회(information society)의 단계에 진입한 자본주의 사회에서 광고가 얼마나 중요해졌는가를 역설한다. 사정은 21세기에 들어선 현재에도 달라지지 않았다. 오히려 그 가치는 더욱 높아졌다고 해야 옳을 것이다.

산업 혁명 이후 산업 사회를 거치며 상품은 더 이상 단순한 소비재로 남아있지 않다. 제품의 질이 일정한 수준 이상이 되자, 외적인 사안들이 상품 구매에 영향을 미치게 된 것이다.

이른바 '명품'이라 불리는 제품들이 '배타적인 희소성'을 무기로 삼아 자신의 가치를 소비자들에게 호소한다는 사실은 이러한 현상을 단적으로 보여주는 사례이다. 새로운 제품이 가진 희소성을 소비자에게 드러내는 가장 효과적인 방법은 바로 '광고'이다.

초기의 광고는 '제품 광고'가 중심이었다. 이러한 광고는 새로운 상품의 용도와 효용을 강조함으로써 소비자를 '설득'하는 것을 목표로 삼는다. 하지만 소비자들의 경제적 · 문화적 수준이 높아지면서, 이것만으로 소비자의 눈을 사로잡기란 힘든 일이 되었다. 그래서 새로이 등장한 광고 전략이 '이미지 광고'이다. 이 광고 전략은 특정한 상품의 용도와 효용이 아니라 일종의 '후광 효과(halo effect)'를 노린다. 이때 후광 효과란 "어떤 대상이나 사람에 대한 일반적인 견해가 그 대상이나 사람의 구체적인 특성을 평가하는 데 영향을 미치는 현상"을 말한다. 앞서 언급한 '명품'들은 이러한 효과를 '제품 광고'에 도입한 선구자들이다.[1] 한편 21세기에 들어선 현재 광고에서 또 하나의 새로운 조류는 '제품 이미지 광고'에서 파생된 '기업 이미지 광고'이다. 기업 특히 대기업에서는 이를 통해 그룹 전반에 대한 긍정적 인상을 소비자 일반에게 심어주려고 한다.

광고의 카피는 광고의 중심 수단으로 쓰인다. 아래의 예시들은 각각 '제품 광고', '제품 이미지 광고', '기업 이미지 광고'에서 사용된 광고 카피의 사례들이다.

1〉 제품 광고 카피

쿠퍼스는 약이 아닙니다.
지친 하루를 위한 발효유입니다.

– 〈한국야쿠르트 쿠퍼스〉

1) 이른바 '명품'들의 '이미지 광고'는 주로 '시각 이미지'에 한정되는 경향이 있다. 이들의 시각 중심적인 이미지 광고는 '제품 이미지'를 신비화한다. 이들 '시각 이미지'를 언어화하면, '여성성, 남성성, 도발성, 실용성, 화려, 절제, 우아, 심플, 모던, 고전' 등이 된다.

물맛 좋은 제주 삼다수로
하루를 시작하세요.
제주의 화산암반이 거르고 걸러
깨끗하고 순한 물, 제주 삼다수
물맛이 좋으면 하루가 좋습니다.

– 〈농심 삼다수〉

당신은 지금, 어디로 가고 계십니까?
누리고 싶은 특별함
그랜져

– 〈현대자동차 그랜져〉

그 분이 좋아하시는 걸 국민관광상품권은 알고 있습니다.

– 〈코리아트래블즈 국민관광상품권〉

먹지 마세요.
피부에 양보하세요.

– 〈스킨푸드〉

2〉 제품 이미지 광고 카피

한 번 봐야지는 그냥 하는 말,
정말 보고 싶다면……
오늘, 소주 한 잔 할까?

– 〈진로 참이슬〉

지루하게 사는 것은 젊음에 대한 죄다.

– 〈르노삼성자동차 SM3〉

친구라면 삼양라면

– 〈삼양라면〉

영화 말아톤에 빨간 情이 피었습니다.
당신의 정은 무슨 색입니까?
오리온 초코파이 情

– 〈동양제과 초코파이〉

불가능 그것은 아무것도 아니다.
Impossible is nothing.

– 〈아디다스〉

3〉 기업 이미지 광고 카피

우리 강산 푸르게 푸르게

– 〈유한킴벌리〉

왜 날아가는 풍선은 잡아주십니까?
왜 흩어진 과일은 주워주십니까?
왜 손수레는 밀어주십니까?
왜 가던 길은 되돌아가십니까?
사람 안에는 사람이 있습니다.
사람을 향합니다.

– 〈SK텔레콤〉

고맙습니다, 당신의 KTF적인 생각

– 〈KT〉

다르게 생각해서 바르게 만듭니다.

– 〈풀무원〉

United Colors of Benetton

– 〈베네통〉

〈연습과제〉

1. 전공과 관련된 상품에 대한 광고 카피를 구상하라.

2. 소지하고 있는 특정 상품 중에서 자신(들)의 이미지와 부합하는 것을 소재로 하여 제품 이미지 광고의 카피를 만들라.

3. 고향이나 소재지 혹은 희망 직장에 대한 이미지 광고의 카피를 구상하라.

4. 자신이 속한 학과나 학교를 홍보하는 광고카피를 구상하라.

4. 이미지와 자유연상
-즐거운 산책

현대는 문자매체가 지배하던 과거와는 달리, 영상매체가 지배하는 디지털시대이다. 영상매체의 근본적인 중심요소는 그림이나 사진의 일차적 이미지 텍스트라고 할 수 있다. 이 항목에서 제시하는 그림과 사진을 통한 글쓰기는 현대의 다양한 창의적 사고와 표현에 있어 중요한 훈련이라 할 수 있다. 이미지를 보고 자유연상을 해보거나 스토리 만들기 등을 훈련해 보는 것은 다양성과 차이의 변주를 속성으로 하는 현대적 사유와 상상력을 촉발하기 위한 것이다.

1. 아래 그림을 보고 자유롭게 연상하여 글쓰기를 해 보자. 그림의 제목을 배제하고 3분 정도 응시한 후, 떠오르는 단어들 중 하나를 고른 뒤에 이미지를 연결하여 자신의 감정을 드러내 보자.

▲ 몬드리안, 「회색나무」

■ 예시

김○○(여, 20세)

헝클어진 여인의 머리카락이 연상된다. 막 머리를 쥐어뜯고 난 후 먼 곳을 응시하는 여자를 떠올리면 여자로서 겪는 삶의 여러 가지 어려움과 고뇌에 대해서 생각하게 된다. 흰색으로 마구 덧칠해 놓은 듯한 여백에서 떠오르는 것은 하늘에서 내려다 본 도시의 이미지이다. 도시의 건물과 여자를 연결시켜 본다. 그러자 섬뜩한 상상이 들었다. 마치 하늘에서 떨어지는 여자의 머리카락 사이로 보이는 도시의 모습이 떠오른 것이다.

> 얼마전에 우울증에 걸린 여자가 옥상에서 투신자살했다는 뉴스가 머릿속에 남아 있기 때문일까. 이 그림의 제목은 회색나무라고 한다. 나무는 항상 푸르다고 생각했다. 하지만 나뭇잎이 푸르지 정작 나무 자체는 회색이라는 깨달음이 든다. 삶의 색깔은 푸른색일까 회색일까. 지금 나는 회색쪽에 좀 더 가까이 있는 것 같다.

이 학생의 경우, 몬드리안의 추상화를 보면서 우선 여인의 머리카락을 연상했고, 흰색 여백에서는 허공에서 바라본 도시의 조망을 연상했다. 그리고 그 연상과 자신이 얼마전에 본 뉴스를 떠올리면서 삶의 비극성을 생각해 낸 것이다. 또한 이 학생은 제목에 주의를 돌려, 삶의 비극성과 삶을 객관적으로 바라보는 생각을 도출해 내고 자신의 상황을 성찰할 수 있었다. 흔한 나무 이미지에서 거리가 먼 삶의 비극성과 자신의 삶에 대한 성찰을 이끌어 낼 수 있었던 좋은 예시라고 할 수 있다.

2. 아래 그림을 보고 손과 유리구슬 그리고 유리구슬에 비친 이미지를 중심으로 현대에 대한 자신의 생각을 짧게 써 보자.(손과 유리구슬과 유리구슬에 비친 이미지가 의미하는 것이 무엇인지를 중심으로 자신의 상황과 관련시키거나, 자신 주변의 상황과 관련하여 풀어 써 본다.)

▲ 에셔, 「유리구슬을 든 손」

3. 아래의 그림을 보고 떠오르는 상황을 자유롭게 서술해 보자.
(떠오르는 이미지들을 먼저 메모한 후 연결시켜 짧은 이야기를 만들어 보라.)

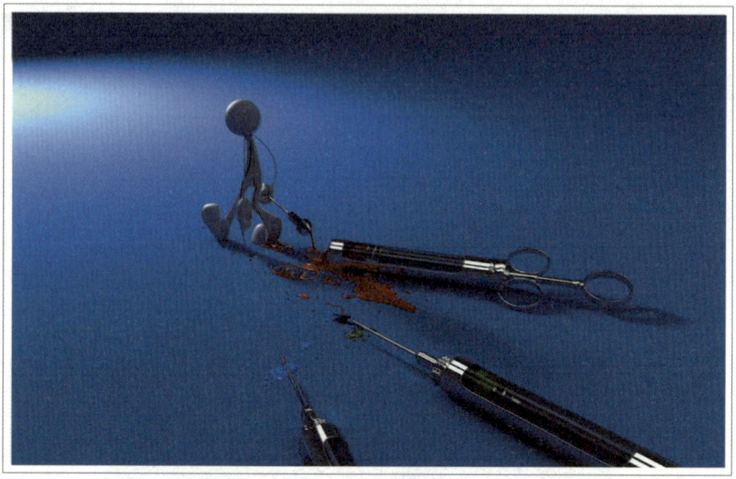

4. 아래 사진을 보고 짧은 이야기를 만들어 보자. (전선, 내리는 눈송이, 눈 쌓인 숲, 전봇대, 건물들 등을 이용하여 짧은 소설 한 편을 구성해 본다.)

5. 아래 사진에서 떠오르는 삶의 풍경을 짧은 소설로 구성해 보자.(구체적인 인물을 등장시켜 구성해 본다. 버리기 전의 상황이나 버리고 난 후의 풍경을 구성해 보는 것도 좋다. 그 외의 것도 마찬가지다.)

5. 광고 사진과 의도

-메시지를 건져내자

〈사진 1〉과 관련 의도를 참조하고, 다음 쪽들의 광고 사진 둘 중 하나를 선택하여, 의도를 설명해보자.

▲〈사진 1〉

■ 의도

컴퓨터 모니터가 켜져 있는 왼쪽 사진의 가운데에만 문자가 보인다. 켜 놓은 채 사용하지 않는 상황을 설정한 것이다. 가운데 사진은 작은 화분에 녹색 식물이 심어져 있는데 그 식물은 컴퓨터의 전자파를 차단할 수 있는 식물이다. 물컵을 화분과 함께 놓은 것은 가습 역할도 보여주려는 것이다. 그러나 가장 확실한 전자파 차단 방법은 마지막 사진을 통하여 전달된다. 쓰지 않는 전열기구 혹은 전자기기를 모두 플러그 아웃(plug out)시킴으로써 전자파는 차단될 수 있다.

평가

세 가지 사진을 왼쪽에서부터 차례대로 정렬한 '전자파 차단 광고'가 결국은 전원 코드를 뽑는 것으로 마무리 된다. 최종적 목적은 '대기 전력 차단'이 되면서, 두 가지 효과를 노린 공익 광고로 쓰일 수 있다.

▲ 〈사진 2〉

▲ 〈사진 3〉

6. 상품 소개
-나의 고객을 위하여

앞 절에서 살펴본 광고 카피가 걸어온 길과는 반대로 '상품 소개글'이 치중해 온 부분은 제품이 가진 소위 '스펙(Spec, specification, '명세'의 약자로 직장을 구하는 사람들 사이에서 학력 · 학점 · 토익 점수 따위를 합한 것을 이르는 말)'에 대한 상세한 '소개'이다.

오늘날처럼 다양한 상품들이 쏟아져 나오고 있는 현실에서 기업이 모든 제품을 광고할 수도 없으며, 모든 기업이 거액을 들인 광고를 만들 수도 없다. 소비자 또한 숱한 제품들의 홍수 속에서 광고만을 보고 선뜻 구매를 결정하기란 어려운 일이다. 결국 최소의 비용을 들여서 소비자의 구매를 이끌어 내려는 기업의 입장, 그리고 최소의 시간을 들여서 최상의 제품을 고르려는 소비자의 입장이 만날 수 있는 매체가 '상품 소개글'이다.

'상품 소개글'을 통해 각각의 기업들은 유사한 제품들이 가지는 차이점과 변별점을 소비자가 한눈에 '비교'해 볼 수 있도록 배려한다. 이러한

'상품 소개글'이 일정한 제약을 가지는 경우가 많은 것은 이런 이유에서다. 타사의 제품에 비해 자사의 제품이, 그리고 자사의 이 제품에 비해 저 제품이 어떠한 '비교우위'를 점하는지를 명시적으로 드러내야 하기 때문이다. 앞의 사례는 인터넷의 각종 '가격비교 사이트'에서, 뒤의 사례는 '상품 카탈로그' 등에서 흔히 볼 수 있다. 소비자는 여기에 명시된 '스펙'을 기준으로 상품에 대한 구매 여부를 결정한다.

예시 1.

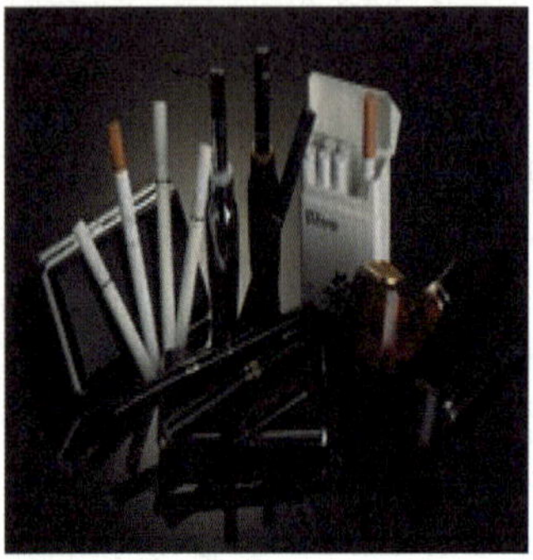

01 전자담배(EBACO)란?

에바코 전자담배는 사용(흡입)시만 제품에 내장된 전자칩(Controller)과 센서(airflow sensor)에 의해 전원이 연결되며, 배터리 상단의 LED등은 적색등이 점등됩니다. 이때 분무장치가 작동하여 담배잎에서 추출한 에센스 오일을 주원료로 한 액체상태의 카트리지를 분무하고 인체에 무해한 연무(수증기)를 흡입함으로 **연초 담배를 피는 상황과 유사한 효과**를 주는 **신 개념의 전자담배**입니다.

01 제품 해부도

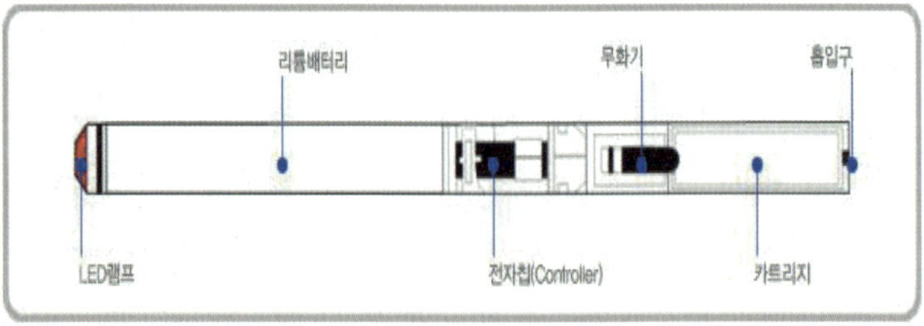

02 일반담배(연초담배)와 에바코(EBACO) 제품 비교

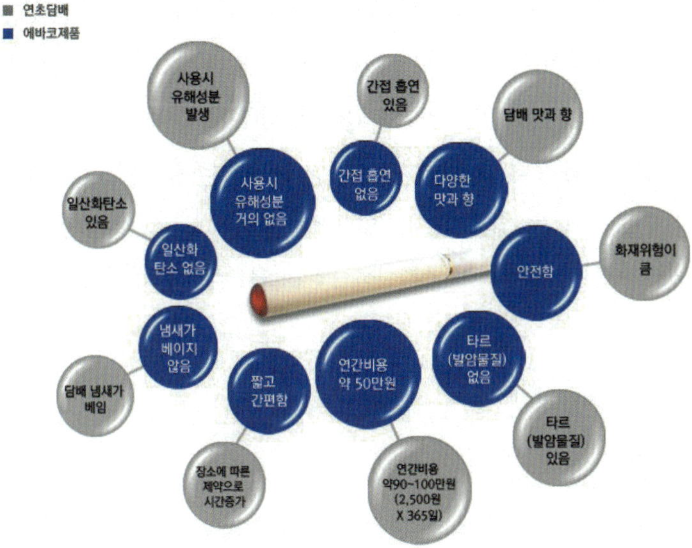

제품비교

구분	808D	에바	헵틱	미니	901B	아띠	라온	프리미엄 P1	프리미엄 DP1
배터리 용량	8	6	8	8	8	5	10	8	8
연기량	10	7	9	8	8	7	6	9	9
흡입감	9	8	8	8	8	7	7	9	9
카트리지량	9	5	9	9	9	5	7	9	10
견고성	9	8	8	8	8	8	8	9	9
담배와유사성 (모양, 크기)	7	10	8	8	8	10	5	7	5
맛과향	10	8	9	9	9	8	8	10	8
디자인	9	10	7	7	7	10	6	9	9
가격	9	9	6	7	7	7	7	8	7
사용편의성	9	10	8	7	7	10	6	9	9
생산지	6	6	6	6	6	6	6	10	10
종합점수	95	87	86	85	85	83	76	97	93

예시 1은 아직 시장 규모가 크지 않은 상품이기 때문에 상품 자체에 대한 설명을 서두에 두고 있다. 또한 해당 상품의 주된 소비자가 남성이라는 데에 착안하여 상품 소개글을 구성하였다. 일반적으로 여성 소비자들이 감성에 의해 좌우되는 경향이 있다면, 남성 소비자는 '과학적 분석'에 더 큰 신뢰를 보내기 때문이다. 그래서 예시 1은 '제품 해부도', '일반담배와 비교했을 때 전자담배가 가진 일반적인 장점', '타사 전자담배들에 대한 자사 제품의 비교우위'를 수학적이고 논리적인 순서에 따라 배치하고 있다.

예시 2.

활기있는 하루를 시작하세요.
활력발효유 쿠퍼스!

베타인, 비타민 B군 6종, 항산화 비타민 2종 등 각종 영양소가 풍부합니다.

이런분들에게
적극 추천합니다.

잦은 야근에 피곤에 지쳐있는 직장인! **아침에 지친 얼굴**로 내 마음을 아프게 하는 그대! **내 몸은 내가 챙긴다!** 건강에 관심이 많은 직장인!

활력발효유 쿠퍼스의
주부의 지혜

피곤에 지친 우리남편 기 살리기

- 오랜만에 남편을 왕처럼 넥타이 매주기!
- 간단한 안주와 함께 집안을 분위기 있게 바(BAR)로 꾸미고 남편을 초대하세요.
- 출근하는 남편을 오랜만에 꽉 안아주세요!

열심히 일하는 그대 파이팅!

활력발효유 쿠퍼스의
핵심포인트

140ml	1,400원	헛개나무열매 추출분말 500mg	오리목, Y-mix 1 (꿀풀추출액), Y-mix 2 (밀크씨슬추출물), 초유분말, 베타인, 타우린

영양성분

1회 제공량 1개 (140*ml*), 총 1회 제공량(140*ml*)

열량110Kcal/ 탄수화물19g(6%)/ 당류15g/ 단백질4g(7%)/ 지방2.1g(4%)/ (이하 생략)

원재료

○ 원유41.9672%(국산),정제수, 혼합과즙농축액(고형분55%)4.8%(미국산), 액상과당 4.5g, 탈염유청혼합탈지분유, 갈색설탕, 복숭아혼합농축과즙, 오리목추출액(고형분0.5%)1.375%, 백설탕, 액상추출차[와이믹스1:고형분3.2%(꿀풀추출액 (고형분 0.75%)90.9%)] 0.9167%, 헛개나무과병추출분말(고형분93%이상)0.336% (이하 생략)

예시 2는 TV에 광고하는 제품이지만, 건강기능식품이 홍수처럼 쏟아지는 현실을 감안한 상품 소개글이다. 해당 기업은 광고만을 보고 구매를 결정할 수 없는 소비자를 위해 보다 자세한 제품 설명을 홈페이지에 게시하고 있다. 그러나 여기에서 주목되는 것은 상품 소개글 하단의 '영양성분'이나 '원재료' 등의 제품 설명이 아니다. 이 부분이 강조된다면 그 형식은 예시 1과 다르지 않을 것이다.

예시 2의 상품은 실제 소비자가 남성이라고 하더라도, 그것을 구매하는 이는 여성이라고 할 수 있다. 따라서, 이 상품 소개글은 여성 소비자들의 감성을 자극하는 전략을 썼다. "이런 분들에게 적극 추천합니다"라는 꼭지에 연결된 그림의 남성, 즉 남편을 위해 "피곤에 지친 우리 남편 기 살리기"를 원하는 여성, 즉 아내가 할 수 있는 일들이 나열되어 있다.

물론 이런 일들 중의 하나가 해당 제품을 구매하여 남편이 먹도록 하는 것임은 이 과정에서 자연스럽게 암시된다.

〈연습과제〉

■ 상품 1.
판매가 | 342,910 ~ 500,000원
쇼핑몰 | 240개 | 등록일 | 2010.09.29
상품평 | 7개 |
복합기/ 복사 + 프린터 + 스캔 + 팩스/ 잉크젯(개별잉크)/ 최대해상도: 4800dpi/ 최대지원용지:A4/ 메모리용량:128MB/ USB/ 33ppm(흑백)/ 32ppm(컬러)/ 네트워크:유선, 무선/ 메모리카드슬롯/ 다이렉트 프린팅/ 양면인쇄:수동/ 자동문서 공급장치(ADF)

■ 상품 2.
판매가 | 371,100 ~ 423,000원
쇼핑몰 | 6개 | 등록일 | 2009.01.22
상품평 | 2개 |
복합기/ 복사 + 프린터 + 스캔/ 레이저(컬러)/ 최대해상도:2400dpi/ 최대지원용지:A4/ 메모리용량:128MB/ USB/ PictBridge/ 16ppm(흑백)/ 4ppm(컬러)/ 네트워크:유선, 무선/ 다이렉트 프린팅/ 양면인쇄:수동

1. 상품 1과 상품 2 중에서 소비자의 입장에서라면 어떤 것을 사겠는가? 그 이유에 대해 토론해보자.

2. 상품 1(혹은 상품 2)의 제조사 입장에서 타사의 상품 2(혹은 1)보다 자사의 상품이 나은 이유를 찾아보라.

3. 연습문제 1과 2를 바탕으로 상품 1과 상품 2에 링크시킬 상품 상세 소개글에 반드시 넣어야 할 문구가 무엇인지 제시해보자.

4. 상품 3-2는 상품 3-1에 링크된 설명이다. 여기에는 사진이나 여타의 자료가 없다. 그 이유와 해결 방안 혹은 개선 방안에 대해 조를 나누어 토론해보자.

■ 상품 3-1.

1) 여행기간 : 3박 4일
2011년 01월 19일 09:10 [LJ0725]
2011년 01월 22일 13:20 [LJ0726]

2) 이용항공 : 진에어

3) 방문지역 : 사가/구마모토/아소(1) - 유후인/벳부(1) - 후쿠오카/가라츠(1) - 사가

4) 상품가격 : [확정가격]
799,000원 (만12세이상)
719,100원 (만12세미만)
79,900원 (만 2세미만)

※ 2인1실 기준요금 / 유류할증료 : (성인/아동 동일) 34,100원

-〈○○여행사 관광 상품 소개글〉

■ 상품 3-2.

① 호텔
☞ 후쿠오카 해안가에 위치한 [가라츠 로얄호텔]
☞ 세계 최대급의 건강체험 리조트 [아소팜 빌리지]
☞ 온천도시 벳부에 위치한 [카메노이 호텔]

② 식사
☞ 아소팜 빌리지 '호텔 뷔페식-월드키친'
☞ 벳부 카메노이 호텔에서 즐기는 호텔-뷔페식

③ 온천

☞ 아소팜 빌리지 - 아소화산온천욕 (대욕장 및 노천탕)

☞ 벳부 카메노이 호텔 - 온천욕

④ 관광/체험

☞ 살아 숨쉬는 활화산 [아소산 관광]

☞ 아기자기 온천마을 [유후인 자유관광]

☞ 일본 3대 성의 하나인 [구마모토성]

– 〈○○여행사 관광 상품 소개글〉에 링크된 설명

7. 네이밍(naming)
–또 하나의 창조

서점에서 한 권의 소설을 구입하는 상황을 가정해보자. 우리에게는 책의 저자나 내용에 대한 아무런 지식이 없다. 그때 우리는 어떤 점을 고려해서 책을 사게 될까? 사람에 따라 다르겠지만, 다수는 인상적인 제목에 끌려 책에 손이 가지 않을까 싶다. 또 장정 디자인, 가격 등을 생각해 선택할 수도 있을 것이다. 이처럼 어떤 글이나 책의 제목은 독자에게 강력한 인상을 제공하고 그것은 구매행위에도 커다란 영향력을 행사한다. 그러니 좋은 제목을 짓는 일이 얼마나 중요한지 알 수 있다.

실제 광고에서도 그런 사례는 얼마든지 찾을 수 있다. A사의 '래미안(來美安)', B사의 '힐스테이트(Hill State)', C사의 'e-편한 세상' 등. 우리 모두 그것이 지칭하는 것이 무엇인지 잘 알고 있다. 이런 것은 또 어떤가? D사의 '생각대로 T', E사의 '올레(alleh)' 하면 금방 떠오르는 무엇이 있지 않은가? 우리는 언론매체에서 위에 거론한 제품들의 광고를 무수히 보았다. 그러나 머릿속에 남는 것이 무엇인가 하고 곰곰이 생각해보면 광고 그 자체보다 위의 용어들이다.

이처럼 어떤 제품을 대중에게 인지시키고 강렬한 인상을 남기기 위해 이름을 짓는 일을 '네이밍'이라 한다. 위의 사례에서 알 수 있듯, 네이밍은 대중에게 강렬한 인상을 각인시키는데, 그것은 곧 회사의 매출 증대로 연결된다. 그렇기에 제품을 생산한 회사들은 제품개발만큼이나 공을 들여 네이밍에 신경을 쓴다.

우리가 글의 제목을 지을 때 무척 고심하듯, 네이밍 역시 만만한 작업이 아니다. 계층과 취향이 저마다인 사람들에게 매력적인 네이밍으로 입맛을 사로잡기란 보통 어려운 일이 아니기 때문이다. 그럼에도 좋은 네이밍을 통해 매출을 신장시켜야 하는 기업으로서는 그 일에 신경을 곤두세울 수밖에 없다. 그런 점에서 기업의 입장으로 보면, 네이밍은 현대 소비사회에서 판매활동의 매우 중요한 요소가 된다.

'창의 사고와 표현'의 관점에서 볼 때, 네이밍은 아이디어의 발상과 연관이 있다. 제품명을 확정하기까지 브레인스토밍, 마인드맵과 같은 과정이 필요한 것은 그런 이유이다. 네이밍의 전체 과정은 다음과 같이 진행된다.

> 제품의 콘셉트 결정 - 그에 필요한 자료 조사 - 주 소비층 연구·조사 - 네이밍 테마 도출 - 스토리텔링 개발 - 네이밍 결정

〈연습과제〉

1. 주변에서 관찰한 흥미로운 상호명이나 제품, 회사의 네이밍 사례를 찾아보자.

2. 자신이 까페를 개업한다고 가정하고, 앞에서 배운 네이밍의 과정을 고려하여 개업할 까페의 네이밍을 해보자.

3. ①최고급 아파트 이미지 부각 ②자연친화적 아파트 이미지 부각 ③거주 연령층은 대체로 삼십대 후반에서 사십대 중반 사이라는 콘셉트로 '안양사이언스건설사'가 아파트를 지으려 한다. 그에 적합한 아파트 네이밍을 하시오.

8. 이야기와 상상력
-내가 운명을 바꾼다

이야기란?

게임이나 광고 마케팅에서도 스토리텔링 기법이 활용된다는 것은 더 이상 새로운 사실이 아니다. 스토리텔링, 즉 이야기는 오랜 역사를 가지고 있다. 인간은 아주 오래전부터 이야기에 열광했다. 신화는 우리의 조상들이 이해하고 해석한 세계에 대한 이야기이다. 이는 이야기를 만들고 듣는 것이 아주 오래된 본능임을 말해준다. 그뿐이 아니다. 넓게 보아, 모든 텍스트는 이야기(story)이다. 그 허다한 텍스트 중에서도 가장 이야기다운 이야기는 서사 텍스트이다. 전기와 자서전, 역사에 관한 텍스트들, 뉴스 스토리, 사적인 편지와 일기, 소설, 스릴러물과 로망스, 환자의 병력(病歷), 학교 생활기록부, 경찰의 사건 기록, 일 년 간의 공연 일지 등. 서사는 이처럼 우리가 세계를 인식하고 그것을 언어로 표현하는 기본적인 원리이다. 그뿐인가. 술자리의 잡담과 대화, 지각한 이유를 설명하는 변명, 무용담이나 연애담에서도 서사는 살아 있다. 그렇다. 서사가 살아있을 때 이야기는 생명력을 얻는다.

마찬가지로 넓게 본다면, 모든 사고력은 상상력이다. 부모를 잃은 고아의 슬픔에 공감하고 액션 영화에서 주인공이 끝까지 살아남기를 바랄 수 있는 것도 상상력의 산물이다. 심지어 지구에 중력이 작용하고 있다는 역사적 발견도, 지구가 아닌 다른 별의 기후와 토양을 추리하는 힘도 상상력 없이는 불가능하다.

그만큼 서사도 상상도 인간 보편의 삶에 밀착되어 있다. 서사적 상상력은 우리가 살고 있는 이 땅이 어떻게 생겨났는지, 풀 한 포기는 어떻게 해서 이런저런 이름을 갖게 되었는지를 해명한다. 성질이 괴팍한 우리 동네 김씨는 어떻게 살다 갔는지, 나는 또 어떠한 사정으로 이 자리에 있게 되었는지를 풀어낸다. 그래서 우리는 끊임없이 서사를, 즉 이야기를 듣고 말하며 읽고 쓰는 것이다. 이야기의 샘은 마르지 않는다.

서사적 상상력 훈련하기

이야기의 샘이 여전히 마른지 않는다는 것을 이해했다면 이제 본격적으로 이야기를 통해 상상력을 키워보자. 이때 중요하게 다뤄야 할 것은 플롯이다.

자, 다음과 같은 이야기가 있다.

> ① 왕비가 죽었다.
> ② 왕은 슬픔에 잠겼다.
> ③ 왕이 죽었다.

이것은 스토리와 플롯에 대한 잘 알려진 명제이다. 스토리는 사건이 일어난 순서에 따라 단순하게 늘어놓는 것이다. 하지만 플롯은 사건들을 일어난 순서에 따라서가 아니라 인과관계라든지 전달의 효과라든지 하는 다른 기준에 따라 엮어내는 것이다.

플롯을 달리해보자.

가) 왕은 슬픔에 잠겨있다. 그것은 왕비가 죽었기 때문이다. 왕은 슬픔을 이기지 못하고 죽고 말았다.

나) 왕이 죽은 것은 왕비가 죽었기 때문이다. 왕비의 죽음이 왕을 슬프게 했다.

다) 왕은 슬픔에 잠겨서 죽고 말았다. 왕비가 죽었기 때문이다.

①, ②, ③의 항목을 어떻게 엮여서 가)가 되고, 나)가 되고, 다)가 되었는지 각자 생각해보자. 순서를 바꾸고 인과관계를 살리는 것, 이것이 바로 플롯이다.

이야기 구성하기의 실제

• 동화 이어가기

다음은 크리스 반 알스버그가 지은 「세상에서 가장 맛있는 무화과」라는 동화이다. 프랑스의 동화이다 보니 파리를 배경으로 하고 있다. 에펠탑 얘기가 나오고 있지만 시공간과 상관없이 읽어도 좋다. 우선 초반부를 읽어보면서 어떻게 전개될지 상상해보자.

> 치과의사 비보 씨는 몹시 까다로운 사람이었어요. 병원은 물론 자기가 사는 작은 아파트도 늘 깔끔하게 청소했지요. 또 집에서 기르는 개 마르셀이 가구위에 올라앉기라도 하면 무섭게 야단을 쳤어요. 이 불쌍한 개는 마음대로 짖지도 못했답니다.
>
> 어느 이른 아침, 한 할머니가 병원 앞에서 비보 씨를 기다리고 있었어요. 이가 너무나 아팠던 할머니는 의사를 보자마자 치료를 해달라고 매달렸지요. 하지만 까다로운 치과 의사는 미리 약속하지 않은 환자는 봐줄 수 없다며 거절했어요. 그래도 할머니가 끙끙 앓자, 비보 씨는 손목시계를 흘긋 보고는 할머니를 병원으로 들어오게 했어요. 잘하면 자투리 시간을 내어 돈을 좀 벌 수 있을 것 같았거든요. 그리고 입안을 살핀 뒤 슬며시 웃으며 말했어요.
>
> "이를 빼야 되겠군요." 이를 뽑고 난 뒤 치과 의사는 할머니에게 또 한마디 했어요.
>
> "이를 뺀 자리가 아프지 않게 약을 드리겠소."
>
> 앓던 이가 빠지자 기분이 좋아진 할머니가 말했어요.
>
> "의사 선생, 내가 돈이 없다우. 대신 돈보다 더 좋은 걸 드리리다." 그러고는 주머니에서 무화과 두 개를 꺼내 치과 의사에게 내밀었지요.
>
> "무화과요?" 비보 씨가 화가 나서 소리쳤습니다.

그러자 할머니는 나직하게 속삭였습니다.

"이 무화과는 아주 특별하다우. 선생이 꾼 꿈이 진짜로 일어나게 될 거요."

비보 씨는 할머니가 미친 것이 틀림없다고 생각했어요. 그래서 손에 든 무화과를 내던지고, 할머니를 문 밖으로 밀어냈습니다. 할머니는 쫓겨나면서도 약을 달라고 했습니다. 하지만 비보씨는 돈을 제대로 내지 않았다며, 약도 주지 않고 할머니를 내쫓았어요.

그날 저녁, 비보 씨는 마르셀을 데리고 공원으로 산책을 나갔어요. 마르셀은 나무 밑이나 덤불 사이에 코를 대고 킁킁거리기를 좋아했지만, 그럴 때마다 비보 씨가 마르셀의 목줄을 세게 잡아당겼습니다.

비보 씨는 잠자리에 들기 전에 꼭 밤참을 먹었어요.

그날 밤, 비보 씨는 할머니가 주고 간 무화과 가운데 한 개를 먹었습니다.

무화과는 아주아주 맛있었어요. 지금까지 먹어 본 것 가운데 가장 달고 맛있는 무화과였어요.

비보 씨에게 무슨 일이 일어날 것이라는 암시가 충분히 주어져 있다. 일단 여기서 읽기를 멈추고 무슨 일이 일어나게 될 것인지 생각해보자.

Tip

1. 비보 씨는 어떤 인물인지 말해보고 그 근거를 찾아보자.
2. 할머니의 역할은 무엇인지 생각하고 이유를 말해보자
3. 무화과를 모티브로 어떤 일이 일어날 지 상상해보자.

자, 이제 동화를 계속 읽어보자.

다음날 아침, 비보씨는 계단으로 올라가려는 마르셀을 억지로 끌고 산책을 나갔습니다. 다리가 짧은 마르셀은 주인의 큰 걸음을 따라가는 것이 힘들었어요.

하지만 비보 씨는 마르셀의 사정 따위는 조금도 신경 쓰지 않았답니다. 오히려 흰 개털이 자기가 입고 있는 멋진 파란색 옷에 묻는 것이 싫었지요.

비보 씨는 사람들 앞을 지나갔습니다. 그런데 사람들이 모두 자기를 쳐다보지 않겠어요? 그러자 비보 씨는 이렇게 생각했지요.

"모두 내 옷이 멋지다고 생각하는군."

그러나 찻집 유리창에 비친 자신의 모습을 보고는, 너무 놀라 그 자리에 멈춰 서고 말았습니다. 지금까지 자기가 속옷 바람으로 돌아다니고 있었던 것입니다.

"원 세상에!"

비보 씨는 허둥지둥 골목으로 뛰어들어갔어요.

"도대체 내 옷! 내 옷은 어떻게 된 거야?"

그러다 지난밤에 꾼 꿈이 생각났습니다. 자기가 속옷만 입은 채 바로 저 찻집 앞에 서 있던 꿈 말입니다.

비보 씨는 어젯밤 꿈에 또 어떤 일이 있었는지 생각해 내려고 애를 썼답니다. 그 때 골목 밖을 바라보던 마르셀이 짖어대기 시작했어요. 비보 씨는 무슨 일인가 싶어 골목 밖으로 눈을 돌렸지요.

그 순간 잊었던 꿈이 모두 기억나기 시작했습니다.

그날, 비보 씨가 속옷 바람으로 집에 뛰어드는 것을 본 사람은 아무도 없었어요. 파리에 살고 있는 사람들은 고무처럼 축 늘어져버린 에펠탑을 쳐다보느라 모두 정신이 없었거든요.

비보 씨는 어제 할머니가 한 말이 모두 사실임을 알았습니다. 그리고 남은 무화과 한 개를 어떻게 쓸 것인가 고민하기 시작했지요.

그 뒤 사람들은 에펠탑을 다시 세우느라 몇 주를 보냈습니다. 그 사이 비보 씨는 원하는 대로 꿈을 꾸는 법을 연구하려고 책을 열권도 넘게 읽었습니다. 그리고 밤마다 잠들기 전에 거울에 비친 자기 모습을 보며 이렇게 말했어요.

"비보는 세상에서 가장 부자다.

비보는 세상에서 가장 부자다!"

이제 비보 씨는 자기가 원하는 대로 꿈을 꿀 수 있었어요. 꿈속에서 비보 씨는 멋진 보트와 자가용 비행기를 가지고 있었고, 지중해에 있는 궁궐 같은 집에 사는 부자가 되었지요.

비보 씨는 날마다 같은 꿈을 꾸었습니다.

비보 씨는 이제 할머니의 말을 믿게 되었다. 그래서 꿈을 연습하게 된다. 다음 장면은 어떻게 이어지게 될까? 일단 여기서 읽기를 멈추고 상상의 나래를 펼쳐보자.

Tip

1. 비보의 희망은 무엇이며 어떤 종류의 삶인지 말해보고, 나 자신의 꿈은 무엇인지 생각해보자.
2. 비보에게 마르셀은 어떤 의미인지 생각해보자.
3. 결말이 어떻게 이어질지 상상해보자.

다음은 마지막 부분이다.

어느 날 저녁, 비보 씨는 두 번째 무화과를 꺼내들었어요.

"바로 오늘이야!"

그리고 잘 익은 무화과를 접시에 담아 식탁에 올려놓았지요. 내일 아침이면 이 치과 의사는 세상에서 가장 돈 많은 부자가 되어 있을 것입니다.

비보 씨는 마르셀을 보며 미소를 지었어요. 오늘 밤만 지나면 저 작고 볼품없는 개 대신 크고 멋진 사냥개와 산책을 나갈 수 있을테니까요.

그런데 비보 씨가 치즈를 꺼내려고 잠시 식탁에서 등을 돌린 순간, 개 짖는 소리와 함께 접시 깨지는 소리가 들렸어요. 놀라서 돌아보니 세상에!

마르셀이 의자에 올라서서 앞발을 식탁에 올려놓은 채, 하나 남은 무화과를 먹고 있지 않겠어요?

비보 씨는 소스라치게 놀랐어요. 마르셀은 도망쳤고, 비보 씨는 개를 잡으려고 온 집안을 뛰어다녔습니다. 마르셀이 침대 밑으로 숨어 버리자, 비보 씨는 고래고래 소리를 질렀습니다.

"내일, 뜨거운 맛을 보여주겠다. 이 일을 절대 잊지 못하게!"

비보 씨는 화가 잔뜩 난 채로 잠이 들었습니다.

다음날 아침, 잠에서 깨어난 비보 씨는 몹시 어리둥절했어요. 자기가 침대 위가 아닌 침대 밑에서 자고 있었거든요.

그 때 갑자기 눈앞에 얼굴이 불쑥 나타났습니다. 그것은 바로 자기 얼굴이었어요! 그 얼굴이 말했습니다.

"자. 이제 산책 나갈 시간이다. 이리 온, 마르셀."

그리고 손이 쑥 들어오더니 자기를 잡아당겼어요. 비보 씨는 있는 힘을 다해 소리를 질렀지요. 하지만 개 짖는 소리밖에 나오지 않았습니다. 〈끝〉

비보 씨에게 무슨 일이 일어난 것일까. 각자의 생각을 이야기해 보자.

Tip

1. 비보 씨에게 일어난 일을 구체적으로 말해보자.
2. 마르셀의 꿈은 무엇이었을까를 생각해보자.
3. 비보 씨의 어리석음은 무엇이었는지 정리해보자.

● 소설 이어가기

다음은 2009년 서울신문 신춘문예 단편소설 당선작인 진보경의 「호모 리터니즈」의 도입부이다. 발단과 전개에 해당하는 부분이라는 것을 유념하며 읽어보자.

> 나는 빈 칸에 그의 이름과 주민등록번호를 입력한다. '해당 정보와 일치하는 아이디는 다음과 같습니다. jeonghyuns**' 개인정보 보호를 위해 끝 두 자리는 별표로 표시한다는 설명이 붙지만 나머지 철자는 뻔하다. 정현수. 그러니까 숨겨진 두 글자는 알파벳 'oo'인 셈이다. 화면 상단의 비밀번호 찾기로 들어간다. 아이디와 이름, 주민등록번호, 휴대폰 인증번호를 차례로 채운다. 마지막으로 새 비밀번호를 입력하라는 창이 뜬다. 정현수의 보안장치는 너무 허술했다. 현실과 가상으로 나누어진 그의 공간. 탐사 삼 일째, 잠입은 성공적이다.
>
> 첫째 날은 집 안을 둘러보고 청소하는 일로 시간을 보냈다….
>
> 둘째 날은 늦잠을 잤다. 퀴퀴한 냄새가 배어 있는 그의 침구 속에서, 나는 배가 고파 눈을 떴다. 냉장고 안에 먹을 수 있는 음식이라곤 생수 두 통뿐이었다….
>
> 수신함에 읽지 않은 메일 수백여 통이 쌓여있다. 나는 잠깐 망설인다…. 수신 확인은 그의 실존을 증명할 수 있는 단서가 되지 않겠는가. 어쩌면 나에겐 그것이 더 나은 일인지도 모른다….
>
> 마지막으로 발신인이 '리쉬케쉬'인 메일 두 통을 놓고 고민한다….
>
> 요가와 명상의 도시 리쉬케쉬….
>
> 수행자의 도시에서 온 메일. 역시 판단하기가 어렵다. 어쩌면 그가 가입한 인터넷 카페나 동호회의 이름일 수도 있겠다는 생각이 든다. 가입한 카페 목록을 열어본다…. 그리고 마지막으로 CEO클럽. 정현수의 직함은 대표이사였다. 회사명은 '펨토테크놀로지'. 첫째 날, 그의 명함에 찍힌 회사 전화번호를 눌러보았다. 결번이었다. 명함 우측 상단엔 '네트워크 솔루션' 이라는 단어가 인쇄돼 있었다.

회사 도메인을 주소창에 입력했다. 웹페이지를 표시할 수 없다는 메시지가 떴다. 어떤 이유인지는 모르겠지만 문을 닫게 된 그 회사의 CEO가 정현수였다…. 그가 되기 위해선 그를 완벽히 알아내야 한다. 나는 리쉬케쉬에서 온 메일을 열어보기로 결심한다. 수신날짜가 8월 5일인 첫 번째 메일은 사진 한 장과 두 줄의 메시지가 전부였다.

내가 지금 이곳에 머무는 이유에 대해 잊으려고 노력 중이야. 마음이 편안해지고 있어. 요즘 사귄 새 친구를 소개할게.

허름한 골목길, 얼룩소 한 마리가 수도꼭지에 입을 대고 물을 마시는 사진….

두 번째 메일은 내용 없이 인물 사진만 첨부돼 있다. 통통한 체형에 단발머리인 여자는 무표정이다. 그렇지만 딱딱하게 굳지 않은, 오히려 편안해 보이는 모습이다. 아마도 발신인의 사진 같다. 두 통의 메일로는 아무것도 추측할 수가 없다. 그녀는 정현수와 어떤 관계일까. 수신된 날짜는 10월 17일. 내가 그를 발견하기 하루 전에 도착한 것이다.

마른 낙엽을 수북이 덮고 그는 얌전히 엎드려 있었다.

평일 오후의 등산로는 한산했다. 매표소 앞 매점에서 김밥과 라면을 사먹고 네 시쯤 오르기 시작한 산행이었다…. 조금 있으면 해가 질 시간이었다. 산속의 어둠은 모든 것을 까마득하게 지워버린다…. 나는 산속의 어둠쯤 두렵지 않았다. 거의 매일 오르내린 덕분에 눈 감고도 헤칠 수 있는 길이었다…. 비탈길을 오르던 나는 문득 뒤를 돌아보았다. 누가 불러 세운 것 같기도, 알 수 없는 신호를 받은 것 같기도 했다. 내가 앉아있던 주변을 몇 발짝 떨어진 곳에서 내려다봤다. 불룩하게 솟은 무언가가 보였다…. 푸른 상의에 검은 바지 차림의 누군가가 엎드려있었다. 그의 등에 손바닥을 댔다. 차가웠다. 이봐요. 나는 푸른 옷의 오른팔을 들춰보았다. 표피가 터질 듯 부풀어 오른 파리 유충들과 딱정벌레 무리가 굼실거리고 있었다….

또다시 무언가 내 시선을 잡아끌었다. 그의 바지 뒷주머니 위로 반쯤 삐어져 나온 지갑….

장갑 낀 손으로 지갑을 빼냈다. 몇 장의 카드와 신분증, 현금은 십만 원도 채 안됐다.

그때까지만 해도 나는, 내 의도와 상관없이 유예된 삶에서 벗어날 방도를 궁리 중이었다. 좀 더 잘 살기위해 선택한 길인데 어쩌다보니 한가운데 갇혀버린 채 덜컥 문이 닫혔다. 세상은 나를 필요로 하지 않았고 사람들 또한 그랬다. 서른 살 넘은 무직자인 나와 관계를 유지하는 사람은 어릴 적 친구들뿐. 누구도 나를 달가워하지 않았다….

나는 내 인생의 판을 새로 짜고 싶었다. 도저히 불가능한 일이었다.

지갑에서 현금 대신 신분증을 꺼냈다. 아이 손바닥만 한 작은 플라스틱 판 안에 그의 정보가 고스란히 들어있었다. 이름은 정현수. 나와 동성(同性)이고 나보다 한 살이 많다. 뿔테 안경에 회색 스웨터 차림의 증명사진 속 그는 나이보다 조금 더 늙어보였다. 주소지는 서울의 남쪽 신도시에 위치한 아파트…….

순간 아찔한 현기증을 느꼈다. 이제껏 한 번도 품어보지 못한 생각이, 그야말로 섬광처럼 떠올랐다. 나는 세차게 고개를 흔들어댔다. 아니다. 그것은 전부를 버려야 가능해지는 일이다. 지금까지의 나, 나의 생활, 인간관계, 과거 행적까지 모두.

그럴 수 있겠는가.

모든 일은 순식간에 처리됐다. '그럴 수 있겠는가'에 대한 결단은 내리지 못한 채였다. 나는 내 지갑의 신분증을 꺼내 그의 것과 맞바꿨다. 신용카드 한 장과 그의 명함도 몇 장 챙겼다.

현금은 건드리지 않았다. 주머니에 지갑을 원래대로 꽂아두었다. 오른쪽 앞주머니를 더듬어 휴대폰과 열쇠꾸러미까지 갈취했다. 딱딱한 그의 골격이 손가락에 닿았다. 헤친 낙엽과 흙을 다시 그의 몸 위에 덮었다. 더 이상 아무것도 보이지 않았다. 깜깜한 그곳을 어떻게 등지고 하산했는지 기억나지 않는다. 가을밤, 산중의 바람은 차가웠다. 땀에 젖은 바지가 다리에 자꾸 휘감겼다. 어지러워 더 이상 걸을 수 없어 주저앉았다. 멀리서 매점 불빛이 반짝였다. 내 삶을 최초로 이탈하는 순간이었다.

이 소설은 자신의 삶에 지친 '나'가 산에 갔다가 죽은 정현수를 발견하고 그의 신분증을 자신의 것과 맞바꾸는 이야기를 하고 있다. 소설의 도입부는 정현수의 집에서 시작된다. 소설의 중반부는 정현수로 살아가고자 그가 하던 일을 하기 위해 사람을 만나기도 한다. 하지만 결국 발신인 '리쉬케쉬'가 정현수의 전처였으며 그가 사업에도 실패한 사람이었다는 사실을 알게 된다. '나'는 자신 본래의 삶으로 돌아갈 것을 결심하고 정현수를 발견한 장소로 가게 된다. 이제 소설은 마지막 결말 부분만을 남겨두고 있다.

어떤 결말로 마무리할 것인지 각자 생각해보자.

Tip

1. 정현수는 어떤 인물이었는지 생각해보자.
2. 「호모 리터니즈」라는 제목을 근거로 결말 부분을 상상해보자.
3. 원래 쓰여진 결말과 자신이 생각한 결말이 어떻게 다른가를 비교하여 보자.

제 V 장

창의력과 어휘

어휘(語彙)는 사고의 기초 도구이자 자료이다

우리 어휘의 70%이상이 한자낱말

어휘 활용 사고 훈련

2,000자, 1000단어

어휘(語彙)는 사고의 기초 도구이자 자료이다

'창의 사고와 표현'을 촉진하기 위한 한 방안으로 어휘를 주목하고자 한다.

사고(思考). 우리는 우리의 사고를 어떻게 시작하나. 우리는 언어로 사고를 시작하고 있지 않는가?

우리는 최초에 어떤 이미지나 느낌을 떠올린다. 이 상태는 사고의 원형이다. 이때 이미지나 느낌은 그 나름대로 형체가 있지만 사고의 씨앗이지는 않다. 의미 부여가 되어 있지 않기 때문이다. 우리가 이런 이미지와 느낌을, 그것을 상징하는 어떤 소리와 개념의 통합체인 언어로 변환시켜 대체할 때, 비로소 우리는 그것들을 의식의 대상으로 삼을 수 있다. 이 지점에서 비로소 사고가 시작된다고 하겠다. 이 상태가 문제의 탄생이며, 그 검토 과정이 바로 '사고'라고 할 수 있을 것이다.

그런데 사고의 전개 과정은 또 어떠한가? 언어를 도구로 하면서도 언어를 자료로 하고 있지 않는가? 사고를 심화시키는 정보와 지식과, 사고의 대상인 정보와 지식은, 사물 자체라기보다는 어떤 인간이 이미 역시 사고로 추상화해놓은 그 사물의 기호(소리와 뜻), 즉 언어이다. 따라서 어휘력이 부족하면 그 어휘가 지시하는 사물을 알지 못하는 상태이며 문제를 발상하기 어렵고 사고를 원만하게 추진하기도 어렵다. 또 확충에 필요한 관련 사고를 다양하게 상기하기도 어렵고 그것을 정제하거나 논리화하기도 어려운 것이다. 이럴 경우 사고의 사고라 할 창의 사고를 수행하기는 더욱 어렵게 된다.

완성된 명시(名詩)와 대하소설도 그 원천으로 소급해가면 낱말 하나에 불과하다. 모든 것의 시작은 이렇게 미약하다. 종교의 위대한 이념과 과학자의 시대를 가르는 발견도 이와 다르지 않다. 석가모니의 불법은 '생노병사(生老病死)'에서, 예수의 교리는 '사랑'에서, 공자의 사상은 '인(仁)'에서 각각 그 위대한 전개를 시작하였다.

창의 사고와 표현에서 어휘력이 그 중심 자질도 아니고 어휘력만으로는 가능하지도 않지만, 어휘력이 부족하면 사고의 시작과 전개가 제한되며, 창의 사고와 더욱 멀어진다는 것은 틀림없는 사실이다.

우리 어휘의 70%이상이 한자낱말

다시 한 번 강조하자면 언어는 소통의 도구이기도 하지만 그 이전에 사고의 도구이자 자료이다. 이러한 취지에서 어휘력을 고려하면서 우리가 그 다음으로 새삼 자각하여야 하는 것은 우리 국어 어휘의 70%이상이 한자낱말이라는 사실이다. 다음 인용은 유명한 한글 전용론자가 한자낱말 배제와 고유어 복원을 강조한 글의 일부인데, 그 취지에 동의하면서도 한자낱말의 존재를 다시 각성하게 되는 극적인 사례이다.

> 그런데 우리나라에서는 자기 나라 말이 엄연히 있는데도 남의 말인 중국말을 빌어와서, 오히려 자기 나라 말보다 더 소중하게 다루어서, 때로는 이 한자말이 토박이말을 없애 버리는 일도 있었다. 우리말의 '가람'과 '뫼' 따위는 중국말의 '강'과 '산' 따위에 의해 밀려나고 말았다. 지금 우리가 쓰고 있는 말에서도 이와 비슷한 현상이 흔히 나타나고 있다. '값'이란 토박이말이 있는데도 '價格'을 굳이 쓰려 한다. '속옷'이면

될 것을 '內衣'라 하고, '절'이면 될 것을 굳이 '寺刹'이라 부르면서 그 어려운 한자로 표기하고 있다. 거리에는 '춘계 청소기간'이란 게시가 나붙어 있다. '춘계'는 토박이말로 '봄철'이다. '팔 것'을 '賣物', '뽑기'를 '選拔'로 하는 따위도 모두 쓸데없는 말의 낭비다. 우리에게는 토박이말이 더 가깝고 더 쉽다. 모든 사람이 — 어린아이들까지도 — 듣고 곧 알 수 있는 것은 토박이말이다. 그런데 토박이말보다 한자말에 더 애착심을 가지는 것은 크게 잘못된 일이다.

아무도 이 주장에 반대할 사람이 없을 것이다. 민족의 정체성 회복과 발휘에 기초하면서도 학습과 소통의 언어경제를 명분으로 한 한글 낱말의 회복은 한글 전용론자들만의 소망이 아니다. 하지만 이 이상이 가능할까. 인용 문면에서도 알 수 있듯이 한자낱말을 한글로 표기하지 않고는 한글전용론마저도 논의할 수 없는 실정이다. 한글 한자낱말이 13개나 사용되고 있다. 자기, 엄연, 중국, 소중, 한자, 의, 지금, 현상, 표기, 거리, 게시, 낭비, 애착심 등인데, 이는 한자 낱말, 自己, 嚴然, 中國, 所重, 漢字, 依, 至今, 現象, 表記, 距離, 揭示, 浪費, 愛着心을 한글로 적은 것에 불과하다. 기존 한자 낱말들을 우리 고유어로 바꾸려면 대신할 수 있는 고유어가 있어야 하는데, 그 수량이 너무 부족하여 여전히 한자낱말에 의존하지 않을 수 없는 것이다.

한자낱말을 한자로 표기하지 않고 한글로 표기하는 것이 과연 진정한 한글전용인지 의문이지만, 무엇보다도 그런다고 해서 우리의 어문생활과 사고에 바람직한 효용이 있는지는 더욱 의문이다. 표기에는 분명 효율이 있다. 하지만 사고와 그 촉진에서 부각되어야 하는 것은 그 뜻이 아니겠는가. 뜻을 모르거나 제대로 알지 못하고 또 혹 왜곡하고도 자각하지 못한다면 사고를 심화하거나 논리를 추구하기 곤란하다.

어휘 활용 사고 훈련

이 교재의 끝에는 우리의 의사소통에서 반드시 필요한 한자 1,500여 자를 사용하여 2음절로 된 1,000개의 낱말을 만들고 낱말을 이루는 낱자의 뜻도 함께 자료로 제시하였다. 어휘력 증진과 사고력 훈련을 위해 이 자료를 다음의 세 가지 방안으로 연속 활용해 보기를 권유한다.

첫째, 낱자의 뜻을 조합하여 낱말의 뜻을 만들기
둘째, 낱말의 뜻을 대상으로 사고를 진행하여 그 뜻을 확충하기
셋째, 이상을 기초로 그 의의나 사례, 실천방안, 관련 낱말 등을 모색하고 이를 그 낱말을 사용한 용례(用例) 문장으로 표현하기

예를 들면, '自律'일 경우, 먼저 '스스로 자', '다스릴 율'이란 뜻과 소리를 참고하고, 이를 단서로 '스스로 다스리기'라고 '自律'의 뜻을 조합해

본다. 이어서, 이 뜻을 기초 자료로 사고하여, '자신이 해야 할 일이나 지켜야 할 질서를 남으로부터 지시받거나 규제당하지 않고 스스로의 의지와 필요에 따라 추진하는 자기 기율' 등등 나름대로 그 뜻을 취향에 따라 확대해보는 것이다. 이어서 그 마무리로 '우리 대학생들이 자신의 미래를 준비하기 위해 무엇보다도 먼저 필요한 것은 자율의 정신과 자세이다.' 등등으로 하나의 메시지를 표현해보는 것이다. 이러한 시도는 상상력을 촉진하여 사고력을 증강시킬 뿐만 아니라, 창의 사고와 표현의 기초가 될 것이다.

불가의 선승들은 화두(話頭)인 하나의 단어를 매개로 '깨달음'에 이르려 했으며, 오늘날의 글쓰기에서는 키워드 사용의 전략을 강조하고 있다. 이와 같이 사고를 어휘에서부터 촉발시켜 나가는 일은 고금(古今)을 관통하여 창의적 사고의 시작과 진행에서 끊임없이 무삭되고 있는 것이다. 요컨대 창의 사고를 발전시키기 위해서는 이미지나 느낌에서부터 시작하지 않고, 처음부터 어휘를 단서로 삼는 것이 편리하며 그 효과 또한 크다고 하겠다.

2,000자 1,000단어

1. 가정(家庭)

1. 家庭(집 가, 집안 정)
2. 歌手(노래 가, 사람 수)
3. 架橋(건너지를 가, 다리 교)
4. 苛酷(가혹할 가, 독할 혹)
5. 刻印(세길 각, 도장 인)
6. 恪別(유다를 각, 다를 별)
7. 覺醒(깨달을 각, 깰 성)
8. 脚光(아랫부분 각, 빛 광)
9. 根幹(뿌리 근, 줄기 간)
10. 簡略(간략할 간, 줄일 략)
11. 懇切(간절할 간, 끊을 절)
12. 開墾(열 개, 개간할 간)
13. 渴症(목마를 갈, 증세 증)
14. 勘當(헤아릴 감, 당할 당)
15. 鑑賞(비추어 볼 감, 즐길 상)
16. 感懷(느낄 감, 생각할 회)
17. 剛直(굳셀 강, 곧을 직)
18. 健康(튼튼할 건, 편안할 강)
19. 開催(열 개, 열 최)
20. 個性(낱 개, 성품 성)
21. 改善(고칠 개, 옳을 선)
22. 紹介(이을 소, 소개할 개)
23. 慨歎(개탄할 개, 탄식할 탄)
24. 灌漑(물댈 관, 물댈 개)
25. 擧皆(모두 거, 다 개)
26. 客席(손 객, 자리 석)
27. 喀血(뱉을 객, 피 혈)
28. 坑內(구덩이 갱, 안 내)
29. 更新(다시 갱, 새 신)
30. 醵出(추렴할 갹, 날 출)
31. 擧動(들 거, 움직일 동)
32. 去就(갈 거, 나아갈 취)
33. 證據(증거 증, 의지할 거)
34. 倨慢(거만할 거, 게으를 만)
35. 件數(물건 건, 셀 수)
36. 乾坤(하늘 건, 땅 곤)
37. 關鍵(빗장 관, 열쇠 건)
38. 敬虔(공경할 경, 삼갈 건)
39. 傑作(준걸 걸, 지을 작)
40. 檢討(조사할 검, 칠 토)
41. 儉素(검소할 검, 질박할 소)
42. 劫奪(겁탈할 겁, 빼앗을 탈)
43. 揭示(들 게, 보일 시)
44. 擊退(칠 격, 물러날 퇴)

45. 激憤(심할 격, 성낼 분)
46. 隔離(사이 격, 떼놓을 이)
47. 檄文(격문 격, 글월 문)
48. 見聞(볼 견, 들을 문)
49. 堅固(굳을 견, 굳을 고)
50. 絹紗(비단 견, 깁 사)
51. 派遣(보낼 파, 보낼 견)
52. 牽引(끌 견, 끌 인)
53. 肩章(어깨 견, 글 장)
54. 譴責(꾸짖을 견, 꾸짖을 책)
55. 結實(맺을 결, 열매 실)
56. 決定(결정할 결, 정할 정)
57. 缺如(모자랄 결, 같을 여)
58. 潔白(깨끗할 결, 흰 백)
59. 訣別(헤어질 결, 나눌 별)
60. 兼備(겸할 겸, 갖출 비)
61. 謙虛(겸손할 겸, 빌 허)
62. 經過(지날 경, 지날 과)
63. 警戒(경계할 경, 경계할 계)
64. 境界(지경 경, 지경 계)
65. 競爭(다툴 경, 다툴 쟁)
66. 傾向(기울 경, 향할 향)
67. 輕率(가벼울 경, 거느릴 솔)
68. 强硬(굳셀 강, 강할 경)
69. 更新(고칠 경, 새로울 신)
70. 驚愕(놀랄 경, 놀랄 악)
71. 直徑(곧을 직, 지름길 경)
72. 憧憬(그리워할 동, 그리워할 경)
73. 限界(한계 한, 지경 계)
74. 計劃(꾀 계, 그을 획)
75. 契約(계약할 계, 묶을 약)
76. 繼承(이을 계, 받들 승)
77. 機械(틀 기, 형틀 계)
78. 系統(실 계, 큰 줄기 통)
79. 啓蒙(일깨울 계, 어릴 몽)
80. 季節(철 계, 절기 절)
81. 告白(알릴 고, 아뢸 백)
82. 故鄕(연고 고, 고향 향)
83. 苦惱(괴로워할 고, 괴로워할 뇌)
84. 孤獨(외로울 고, 홀로 독)
85. 雇用(품살 고, 쓸 용)
86. 困窮(곤할 곤, 다할 궁)
87. 昆蟲(벌레 곤, 곤충 충)
88. 汨沒(잠길 골, 가라앉을 몰)
89. 恭遜(공손할 공, 겸손할 손)
90. 供給(이바지할 공, 넉넉할 급)
91. 恐怖(두려워할 공, 두려울 포)
92. 過誤(지날 과, 그릇할 오)
93. 輪郭(둘레 륜, 둘레 곽)
94. 觀覽(볼 관, 볼 람)
95. 冠禮(갓 관, 예도 례)
96. 慣例(익숙할 관, 법식 예)
97. 狂亂(미칠 광, 어지러울 난)
98. 廣場(넓을 광, 마당 장)
99. 怪異(기이할 괴, 다를 이)
100. 乖離(어그러질 괴, 떼놓을 이)

2. 굉장(宏壯)

1. 宏壯(클 굉, 씩씩할 장)
2. 敎授(가르칠 교, 줄 수)
3. 橋梁(다리 교, 들보 량)
4. 僑民(붙어살 교, 백성 민)
5. 郊外(성밖 교, 밖 외)
6. 嬌態(아리따울 교, 모양 태)
7. 驕慢(교만할 교, 게으를 만)
8. 矯正(바로잡을 교, 바를 정)
9. 具備(갖출 구, 갖출 비)
10. 構成(얽을 구, 이룰 성)
11. 球技(둥근 물체 구, 재주 기)
12. 購讀(살 구, 읽을 독)
13. 龜鑑(거북 귀, 거울 감)
14. 救援(도울 구, 당길 원)
15. 舊式(예 구, 법 식)
16. 拘束(잡을 구, 묶을 속)
17. 嘔吐(토할 구, 토할 토)
18. 苟且(구차할 구, 구차할 차)
19. 毆打(칠 구, 칠 타)
20. 局面(판 국, 낯 면)
21. 菊花(국화 국, 꽃 화)
22. 軍隊(군사 군, 무리 대)
23. 群衆(무리 군, 무리 중)
24. 窘塞(군색할 군, 막힐 색)
25. 屈折(굽을 굴, 꺾을 절)
26. 宮闕(집 궁, 대궐 궐)
27. 權力(권세 권, 힘 력)
28. 勸勉(권할 권, 힘쓸 면)
29. 倦怠(게으를 권, 게으를 태)
30. 蹶起(넘어질 궐, 일어날 기)
31. 潰滅(무너질 궤, 멸할 멸)
32. 詭辯(속일 궤, 말 잘할 변)
33. 貴重(귀할 귀, 무거울 중)
34. 歸國(돌아 갈 귀, 나라 국)
35. 鬼神(귀신 귀, 귀신 신)
36. 規格(법 규, 바로잡을 격)
37. 閨秀(안방 규, 빼어날 수)
38. 糾明(살필 규, 밝을 명)
39. 均衡(고를 균, 저울대 형)
40. 極致(다할 극, 이를 치)
41. 克己(이길 극, 자기 기)
42. 根源(뿌리 근, 근원 원)
43. 勤儉(부지런할 근, 검소할 검)
44. 謹愼(삼갈 근, 삼갈 신)
45. 僅少(겨우 근, 적을 소)
46. 禁煙(금할 금, 담배 연)
47. 琴瑟(거문고 금, 큰 거문고 슬)
48. 禽獸(날짐승 금, 길짐승 수)
49. 給與(줄 급, 줄 여)
50. 級數(등급 급, 셀 수)
51. 急迫(급할 급, 닥칠 박)
52. 矜持(자랑할 긍, 가질 지)

53. 機械(틀 기, 형틀 계)
54. 記錄(기록할 기, 기록할 록)
55. 企圖(꾀할 기, 도모할 도)
56. 技藝(재주 기, 기예 예)
57. 紀念(기념할 기, 생각할 념)
58. 奇蹟(기이할 기, 자취 적)
59. 旗手(기 기, 사람 수)
60. 旣往(이미 기, 갈 왕)
61. 汽車(김 기, 수레 차)
62. 岐路(갈림길 기, 길 로)
63. 忌避(꺼릴 기, 피할 피)
64. 祈禱(빌 기, 빌 도)
65. 幾微(기미 기, 작을 미)
66. 欺瞞(속일 기, 속일 만)
67. 饑饉(주릴 기, 흉년들 근)
68. 嗜好(즐길 기, 좋을 호)
69. 緊急(급할 긴, 급할 급)
70. 吉兆(길할 길, 조짐 조)
71. 喫煙(마실 끽, 담배 연)
72. 懦弱(나약할 나, 약할 약)
73. 難關(어려울 난, 빗장 관)
74. 捺印(누를 날, 도장 인)
75. 捏造(꿰어 맞출 날, 지을 조)
76. 納付(바칠 납, 줄 부)
77. 耐久(견딜 내, 오랠 구)
78. 念願(생각할 념, 원할 원)
79. 奴隸(종 노, 노예 예)
80. 怒氣(성낼 노, 기운 기)
81. 農事(농사 농, 일 사)
82. 濃厚(짙을 농, 두터울 후)
83. 訥辯(말더듬을 눌, 말 잘할 변)
84. 紐帶(끈 뉴, 띠 대)
85. 溺死(빠질 닉, 죽을 사)
86. 匿名(숨을 닉, 이름 명)
87. 團體(둥글 단, 몸 체)
88. 斷絶(끊을 단, 끊을 절)
89. 段階(층계 단, 섬돌 계)
90. 端緖(끝 단, 실마리 서)
91. 短篇(짧을 단, 책 편)
92. 檀君(박달나무 단, 임금 군)
93. 鍛鍊(익힐 단, 단련할 련)
94. 達成(통달할 달, 이룰 성)
95. 談話(말씀 담, 말씀 화)
96. 擔保(맡을 담, 지킬 보)
97. 膽力(쓸개 담, 힘 력)
98. 答辯(대답할 답, 말 잘할 변)
99. 踏査(밟을 답, 조사할 사)
100. 遝至(모일 답, 이를 지)

3. 당파(黨派)

1. 黨派(무리 당, 갈래 파)
2. 唐突(당돌할 당, 갑자기 돌)
3. 撞球(칠 당, 공 구)
4. 大陸(큰 대, 뭍 륙)
5. 對決(대할 대, 정할 결)
6. 待接(대접할 대, 사귈 접)
7. 臺本(바탕 대, 책 본)
8. 貸與(빌릴 대, 줄 여)
9. 擡頭(들 대, 머리 두)
10. 度量(법도 도, 헤아릴 량)
11. 島嶼(섬 도, 섬 서)
12. 導入(이끌 도, 들 입)
13. 圖謀(꾀할 도, 꾀할 모)
14. 倒産(넘어질 도, 낳을 산)
15. 陶冶(닦고 기를 도, 단장할 야)
16. 逃避(달아날 도, 피할 피)
17. 挑發(돋을 도, 쏠 발)
18. 鍍金(도금할 도, 쇠 금)
19. 跳躍(뛸 도, 뛸 약)
20. 屠殺(잡을 도, 죽일 살)
21. 淘汰(가려낼 도, 씻을 태)
22. 塗料(칠할 도, 재료 료)
23. 讀書(읽을 독, 책 서)
24. 督促(살펴볼 독, 재촉할 촉)
25. 篤實(도타울 독, 참될 실)
26. 瀆職(더럽힐 독, 벼슬 직)
27. 突然(갑자기 돌, 그러한 연)
28. 動機(움직일 동, 틀 기)
29. 銅錢(구리 동, 돈 전)
30. 棟梁(용마루 동, 들보 량)
31. 憧憬(그리워할 동, 그리워할 경)
32. 頭腦(머리 두, 뇌 뇌)
33. 杜鵑(두견이 두, 두견이 견)
34. 遁甲(숨을 둔, 갑옷 갑)
35. 登錄(오를 등, 기록할 록)
36. 騰落(오를 등, 떨어질 락)
37. 羅列(그물 라, 벌일 열)
38. 裸體(벗을 라, 몸 체)
39. 懶怠(게으를 라, 게으름 태)
40. 樂園(즐길 락, 동산 원)
41. 烙印(지질 락, 도장 인)
42. 蘭草(난초 란, 풀 초)
43. 亂動(어지러울 란, 움직일 동)
44. 欄干(난간 란, 방패 간)
45. 濫發(넘칠 람, 쏠 발)
46. 拉致(끌고 갈 랍, 보낼 치)
47. 浪漫(물결 랑, 질펀할 만)
48. 郎君(사내 랑, 남편 군)
49. 朗誦(맑을 랑, 욀 송)
50. 狼狽(이리 랑, 이리 패)
51. 冷凍(찰 랭, 얼 동)
52. 略歷(간략할 략, 지낼 력)

53. 掠奪(노략질할 략, 빼앗을 탈)

54. 旅程(여행할 려, 길 정)

55. 力量(힘 력, 헤아릴 량)

56. 歷代(지낼 력, 시대 대)

57. 聯合(연할 련, 합할 합)

58. 連結(이을 련, 맺을 결)

59. 練習(익힐 련, 익힐 습)

60. 鍊磨(불릴 련, 갈마)

61. 憐憫(불쌍히 여길 련, 불쌍히 여길 민)

62. 列擧(벌일 렬, 들 거)

63. 劣等(못할 렬, 등급 등)

64. 廉價(청렴할 렴, 값 가)

65. 領土(다스릴 령, 흙 토)

66. 令狀(명령할 령, 문서 장)

67. 靈魂(신령 령, 넋 혼)

68. 玲瓏(금옥소리 령, 금옥소리 롱)

69. 禮儀(예도 례, 거동 의)

70. 例示(법식 례, 보일 시)

71. 隸屬(종 례, 속할 속)

72. 魯鈍(미련할 로, 무딜 둔)

73. 勞動(일할 로, 움직일 동)

74. 老弱(늙을 로, 약할 약)

75. 露出(이슬 로, 날 출)

76. 綠陰(초록빛 록, 응달 음)

77. 論說(말할 론, 말씀 설)

78. 弄談(희롱할 롱, 말씀 담)

79. 雷聲(우레 뢰, 소리 성)

80. 賂物(줄 뢰, 물건 물)

81. 料理(다스릴 료, 다스릴 리)

82. 療養(고칠 료, 기를 양)

83. 累積(포갤 루, 쌓을 적)

84. 屢次(여러 루, 차례 차)

85. 漏水(샐 루, 물 수)

86. 流通(흐를 류, 통할 통)

87. 類似(무리 류, 같을 사)

88. 留學(머무를 류, 배울 학)

89. 陸地(뭍 륙, 땅 지)

90. 倫理(인륜 륜, 이치 리)

91. 輪廻(바퀴 륜, 돌 회)

92. 淪落(빠질 륜, 떨어질 라)

93. 律動(가락 률, 움직일 동)

94. 隆盛(성할 륭, 성할 성)

95. 凜凜(찰 름, 찰 름)

96. 凌蔑(범할 릉, 업신여길 멸)

97. 理想(다스릴 리, 생각 상)

98. 里長(마을 리, 어른 장)

99. 利益(이로울 리, 더할 익)

100. 異性(다를 이, 성별 성)

4. 이력(履歷)

1. 履歷(밟을 리, 지낼 력)
2. 裏面(속 리, 바닥 면)
3. 隣近(이웃 린, 가까울 근)
4. 吝嗇(아낄 린, 아낄 색)
5. 立志(설 립, 뜻 지)
6. 粒子(쌀알 립, 어조사 자)
7. 乘馬(탈 승, 말 마)
8. 麻衣(삼 마, 옷 의)
9. 摩擦(갈 마, 비빌 찰)
10. 魔術(마귀 마, 꾀 술)
11. 莫强(아주 막, 강할 강)
12. 漠然(아득할 막, 그러할 연)
13. 萬物(일만 만, 만물 물)
14. 滿員(찰 만, 인원 원)
15. 晩年(찰 만, 해 년)
16. 蠻勇(오랑캐 만, 용감할 용)
17. 蔓延(덩굴 만, 끌 연)
18. 分娩(나눌 분, 해산할 만)
19. 挽留(당길 만, 머무를 류)
20. 欺瞞(속일 기, 속일 만)
21. 末端(끝 말, 끝 단)
22. 抹殺(지울 말, 죽일 살)
23. 望鄕(바랄 망, 고향 향)
24. 網羅(그물 망, 새그물 라)
25. 忘却(잊을 망, 물러날 각)
26. 賣買(팔 매, 살 매)
27. 每日(매양 매, 날 일)
28. 魅力(도깨비 매, 힘 력)
29. 邁進(힘쓸 매, 나아갈 진)
30. 煤煙(그으름 매, 연기 연)
31. 脈絡(맥 맥, 이을 락)
32. 麥酒(보리 맥, 술 주)
33. 盟誓(맹세할 맹, 맹세할 서)
34. 猛獸(사나울 맹, 짐승 수)
35. 免除(면할 면, 덜 제)
36. 滅亡(멸망할 멸, 망할 망)
37. 蔑視(업신여길 멸, 볼 시)
38. 明確(밝을 명, 굳을 확)
39. 命令(목숨 명, 영 령)
40. 名分(이름 명, 나눌 분)
41. 悲鳴(슬플 비, 울 명)
42. 冥福(어두울 명, 복 복)
43. 模倣(본뜰 모, 본뜰 방)
44. 募集(뽑을 모, 모일 집)
45. 謀議(꾀할 모, 의논할 의)
46. 消耗(사라질 소, 쓸 모)
47. 矛盾(창 모, 방패 순)
48. 侮辱(업신여길 모, 욕되게 할 욕)
49. 冒險(무릅쓸 모, 험할 험)
50. 目標(목표 목, 표 표)
51. 和睦(화할 화, 화목할 목)
52. 沐浴(머리감을 목, 목욕할 욕)

53. 沒收(빠질 몰, 거둘 수)
54. 妙味(묘할 묘, 맛 미)
55. 描寫(그릴 묘, 베낄 사)
56. 貿易(바꿀 무, 바꿀 역)
57. 舞踊(춤출 무, 뛸 용)
58. 茂盛(우거질 무, 성할 성)
59. 撫摩(어루만질 무, 문지를 마)
60. 默認(잠잠할 묵, 인정할 인)
61. 文化(글월 문, 될 화)
62. 問答(물을 문, 답 답)
63. 見聞(볼 견, 들을 문)
64. 美貌(아름다울 미, 얼굴 모)
65. 未定(아닐 미, 정할 정)
66. 味覺(맛 미, 깨달을 각)
67. 迷路(헤맬 미, 길 로)
68. 敏感(민첩할 민, 느낄 감)
69. 苦悶(쓸 고, 번민할 민)
70. 憐愍(불쌍히 여길 연, 번민할 민)
71. 淳朴(순박할 순, 소박할 박)
72. 博識(넓을 박, 알 식)
73. 薄俸(얇을 박, 녹 봉)
74. 反駁(반대할 반, 논박할 박)
75. 拍手(칠 박, 손 수)
76. 反應(돌이킬 반, 응할 응)
77. 諸般(모두 제, 일반 반)
78. 返送(돌아올 반, 보낼 송)
79. 發達(필 발, 통달할 달)
80. 拔擢(뽑을 발, 뽑을 탁)
81. 跋文(발문 발, 글월 문)
82. 防禦(둑 방, 막을 어)
83. 放送(내칠 방, 보낼 송)
84. 彷彿(비슷할 방, 부처 불)
85. 妨害(꺼리낄 방, 해칠 해)
86. 傍觀(곁 방, 볼 관)
87. 彷徨(배회할 방, 노닐 황)
88. 標榜(표 표, 방 붙일 방)
89. 尨大(클 방, 클 대)
90. 背景(등 배, 경치 경)
91. 先輩(먼저 선, 무리 배)
92. 飜譯(빈역할 번, 통변할 역)
93. 罰金(죄 벌, 황금/돈 금)
94. 伐木(칠 벌, 나무 목)
95. 學閥(배울 학, 문벌 벌)
96. 範圍(법 범, 둘레 위)
97. 犯罪(범할 범, 죄 죄)
98. 氾濫(뜰 범, 넘칠 람)
99. 法規(법 법, 법 규)
100. 完璧(완전할 완, 옥 벽)

5. 주벽(酒癖)

1. 酒癖(술 주, 버릇 벽)
2. 僻地(치우칠 벽, 땅 지)
3. 變動(변할 변, 움직일 동)
4. 辯護(말 잘할 변, 보호할 호)
5. 辨明(분별할 변, 밝을 명)
6. 倂合(아우를 병, 합할 합)
7. 竝立(나란히 할 병, 세울 립)
8. 保證(지킬 보, 증거 증)
9. 報道(알릴 보, 말할 도)
10. 普通(넓을 보, 통할 통)
11. 步行(걸음 보, 다닐 행)
12. 福券(복 복, 문서 권)
13. 服裝(옷 복, 꾸밀 장)
14. 伏線(숨길 복, 줄 선)
15. 顚覆(꼭대기 전, 엎어질 복)
16. 複雜(겹옷 복, 섞일 잡)
17. 封印(봉할 봉, 도장 인)
18. 蜂起(벌 봉, 일어날 기)
19. 逢變(만날 봉, 재변 변)
20. 附屬(붙을 부, 엮을 속)
21. 附錄(붙을 부, 기록할 록)
22. 副業(버금 부, 업 업)
23. 夫婦(지아비 부, 지어미 부)
24. 負擔(질 부, 맡을 담)
25. 高貴(높을 고, 귀할 귀)
26. 腐敗(썩을 부, 썩을 패)
27. 賦與(줄 부, 줄 여)
28. 敷衍(펼 부, 넘칠 연)
29. 赴任(나아갈 부, 맡길 임)
30. 紛糾(어지러워질 분, 얽힐 규)
31. 憤慨(성낼 분, 분개할 개)
32. 奮發(떨칠 분, 쏠 발)
33. 奔走(달릴 분, 달릴 주)
34. 憤怒(결낼 분, 성낼 노)
35. 崩壞(무너질 붕, 무너질 괴)
36. 費用(쓸 비, 쓸 용)
37. 比較(견줄 비, 견줄 교)
38. 備蓄(갖출 비, 쌓을 축)
39. 肥滿(살찔 비, 찰 만)
40. 非理(아닐 비, 이치 리)
41. 批評(칠 비, 평론할 평)
42. 飛躍(날 비, 뛸 약)
43. 卑屈(낮을 비, 굳을 굴)
44. 秘密(숨길 비, 빽빽할 밀)
45. 誹謗(헐뜯을 비, 헐뜯을 방)
46. 貧困(가난할 빈, 가난할 곤)
47. 頻繁(자주 빈, 많을 번)
48. 證憑(증거 증, 기댈 빙)
49. 招聘(부를 초, 찾아갈 빙)
50. 使命(하여금 사, 목숨 명)
51. 奢侈(사치할 사, 사치할 치)
52. 思考(생각할 사, 상고할 고)

53. **取捨**(취할 취, 버릴 사)

54. **調査**(고를 조, 사실할 사)

55. **社會**(단체 사, 모일 회)

56. **祭祀**(제사 제, 제사 사)

57. **私設**(사사 사, 베풀 설)

58. **詐欺**(속일 사, 속일 기)

59. **謝禮**(사례할 사, 예도 례)

60. **辭讓**(말 사, 사양할 양)

61. **削除**(깎을 삭, 덜 제)

62. **散漫**(흩을 산, 흩어질 만)

63. **計算**(꾀 계, 셀 산)

64. **殺菌**(죽일 살, 세균 균)

65. **參與**(간여할 참, 더불어 여)

66. **揷入**(꽂을 삽, 들 입)

67. **崇尙**(높을 숭, 숭상할 상)

68. **崇高**(높을 숭, 높을 고)

69. **想像**(생각할 상, 형상 상)

70. **狀況**(형상 상, 형편 황)

71. **相關**(서로 상, 관계할 관)

72. **祥瑞**(상서로울 상, 상서 서)

73. **詳細**(자세할 상, 가늘 세)

74. **要塞**(중요할 요, 변방 새)

75. **序論**(첫머리 서, 논의할 론)

76. **庶民**(여러 서, 백성 민)

77. **容恕**(받아들일 용, 용서할 서)

78. **避暑**(피할 피, 더울 서)

79. **瑞光**(상서 서, 빛 광)

80. **端緖**(실마리 단, 실마리 서)

81. **署名**(이름 쓸 서, 이름 명)

82. **誓約**(맹세할 서, 묶을 약)

83. **夕陽**(저녁 석, 볕 양)

84. **分析**(나눌 분, 쪼갤 석)

85. **明晳**(밝을 명, 밝을 석)

86. **碩學**(클 석, 학문 학)

87. **善良**(착할 선, 좋을 량)

88. **宣傳**(베풀 선, 전할 전)

89. **旋回**(돌 선, 돌 회)

90. **修繕**(닦을 수, 기울 선)

91. **選擧**(가릴 선, 들 기)

92. **鮮明**(고울 선, 밝을 명)

93. **漏泄**(샐 누, 샐 설)

94. **舌戰**(혀 설, 싸울 전)

95. **說明**(말씀 설, 밝을 명)

96. **纖細**(가늘 섬, 가늘 세)

97. **涉外**(교섭할 섭, 밖 외)

98. **聲援**(소리 성, 도울 원)

99. **世態**(세상 세, 모양 태)

100. **消日**(사라질 소, 날 일)

6. 세탁(洗濯)

1. 洗濯(씻을 세, 씻을 탁)
2. 細菌(가늘 세, 세균 균)
3. 昭詳(밝을 소, 자세할 상)
4. 疏忽(드물 소, 소홀할 홀)
5. 蘇生(되살아날 소, 살 생)
6. 束縛(묶을 속, 얽을 박)
7. 續編(이을 속, 엮을 편)
8. 速決(빠를 속, 정할 결)
9. 損失(덜 손, 잃을 실)
10. 率直(소탈할 솔, 곧을 직)
11. 訟事(송사할 송, 일 사)
12. 刷新(닦을 쇄, 새 신)
13. 衰弱(쇠약할 쇠, 약할 약)
14. 收穫(거둘 수, 거둘 확)
15. 守備(지킬 수, 갖출 비)
16. 搜査(찾을 수, 조사할 사)
17. 隨行(따를 수, 갈 행)
18. 需要(구할 수, 구할 요)
19. 宿泊(잘 숙, 묵을 박)
20. 熟練(익을 숙, 익힐 련)
21. 循環(돌 순, 고리 환)
22. 矛盾(창 모, 방패 순)
23. 瞬間(눈깜짝할 순, 사이 간)
24. 純潔(순수할 순, 깨끗할 결)
25. 順從(순할 순, 좇을 종)
26. 術策(재주 술, 꾀 책)
27. 著述(지을 저, 펼 술)
28. 崇高(높을 숭, 높을 고)
29. 琴瑟(거문고 금, 비파 슬)
30. 膝下(무릎 슬, 아래 하)
31. 拾得(주을 습, 얻을 득)
32. 習慣(익힐 습, 익숙할 관)
33. 勝敗(이길 승, 질 패)
34. 承繼(이을 승, 이을 계)
35. 昇進(오를 승, 나아갈 진)
36. 始終(비로소 시, 마칠 종)
37. 市場(저자 시, 마당 장)
38. 施賞(베풀 시, 상줄 상)
39. 示範(보일 시, 법 범)
40. 視聽(볼 시, 들을 청)
41. 試驗(시험할 시, 시험할 험)
42. 植物(심을 식, 물건 물)
43. 識見(알 식, 볼 견)
44. 伸縮(펼 신, 줄 축)
45. 信仰(믿을 신, 우러를 앙)
46. 愼重(삼갈 신, 무거울 중)
47. 申告(펼 신, 알릴 고)
48. 失踪(잃을 실, 자취 종)
49. 果實(과실 과, 열매 실)
50. 審問(살필 심, 물을 문)
51. 尋訪(찾을 심, 찾을 방)
52. 氏族(성씨 씨, 겨레 족)

53. 我執(나 아, 잡을 집)
54. 餓死(굶을 아, 죽을 사)
55. 握手(쥘 악, 손 수)
56. 齷齪(악착할 악, 악착할 착)
57. 驚愕(놀랄 경, 놀랄 악)
58. 案件(책상 안, 사건 건)
59. 顔色(얼굴 안, 빛 색)
60. 斡旋(관리할 알, 주선할 선)
61. 暗室(어두울 암, 집 실)
62. 巖壁(바위 암, 벽 벽)
63. 壓縮(누를 압, 줄 축)
64. 押收(잡을 압, 거둘 수)
65. 仰望(우러를 앙, 바랄 망)
66. 昂揚(오를 앙, 날릴 양)
67. 愛玩(사랑 애, 놀 완)
68. 哀悼(슬플 애, 슬퍼할 도)
69. 曖昧(침침할 애, 어둘 매)
70. 額面(이마 액, 낯 면)
71. 液體(진 액, 몸 체)
72. 陶冶(질그릇 도, 쇠불릴 야)
73. 惹起(끌 야, 일어날 기)
74. 約束(약속할 약, 묶을 속)
75. 躍動(뛸 약, 움직일 동)
76. 養育(기를 양, 기를 육)
77. 讓步(사양할 양, 걸음 보)
78. 樣式(모양 양, 법 식)
79. 魚類(물고기 어, 무리 류)
80. 漁夫(고기잡을 어, 사내 부)
81. 億代(억 억, 세대 대)
82. 追憶(따를 추, 생각할 억)
83. 抑壓(누를 억, 누를 압)
84. 言論(말씀 언, 의논할 론)
85. 嚴格(엄할 엄, 격식 격)
86. 業績(업 업, 공적 적)
87. 輿論(무리 여, 의논할 론)
88. 役割(부릴 역, 나눌 할)
89. 檢疫(검사할 검, 염병 역)
90. 延期(끌 연, 기약할 기)
91. 沿革(물따라갈 연, 가죽 혁)
92. 演藝(행할 연, 재주 예)
93. 燃燒(태울 연, 불사를 소)
94. 硏磨(갈 연, 갈 마)
95. 敷衍(베풀 부, 넓을 연)
96. 熱誠(더울 열, 정성 성)
97. 閱覽(검열할 열, 볼 람)
98. 厭世(싫을 염, 인간 세)
99. 染色(물들 염, 빛 색)
100. 火焰(불 화, 불꽃 염)

7. 영상(影像)

1. 影像(그림자 영, 형상 상)
2. 榮譽(영화 영, 기릴 예)
3. 先塋(돌아가신 이·먼저 선, 무덤 영)
4. 英材(재주 뛰어날 영, 재주 재)
5. 詠嘆(읊을 영, 탄식할 탄)
6. 叡智(슬기로울 예, 지혜 지)
7. 銳利(날카로울 예, 날카로울 리)
8. 造詣(이룰 조, 이를 예)
9. 傲慢(거만할 오, 거만할 만)
10. 覺悟(깨달을 각, 깨달을 오)
11. 誤認(잘못 오, 알 인)
12. 珠玉(구슬 주, 옥·아름다울 옥)
13. 穩健(평온할 온, 건강할 건)
14. 擁立(안을·도울 옹, 세울 립)
15. 壅拙(막을 옹, 졸할 졸)
16. 渦中(소용돌이 와, 가운데 중)
17. 瓦解(기와 와, 풀·흩어질 해)
18. 訛傳(거짓말 와, 전할 전)
19. 緩慢(느릴 완, 느릴 만)
20. 腕力(팔 완, 힘 력)
21. 玩賞(즐길 완, 구경할 상)
22. 頑固(완고할 완, 굳을·완고할 고)
23. 歪曲(비뚤어질 왜, 굽을 곡)
24. 畏敬(두려워 할 외, 공경할 경)
25. 僥倖(요행 요, 요행 행)
26. 妖艶(아리따울 요, 고울 염)
27. 騷擾(시끄러울 소, 어지러울 요)
28. 遙遠(멀 요, 멀 원)
29. 雇傭(품팔 고, 품팔이 용)
30. 容貌(얼굴 용, 모양 모)
31. 庸劣(어리석을 용, 용렬할 렬)
32. 溶解(녹을 용, 풀 해)
33. 保佑(보호할 보, 도울 우)
34. 偶然(우연 우, 그럴 연)
35. 優雅(부드러울 우, 아담할 아)
36. 憂患(근심할 우, 근심 환)
37. 待遇(대할 대, 대접할 우)
38. 云謂(이를 운, 이를 위)
39. 韻律(운 운, 음률 률)
40. 鬱蒼(빽빽할 울, 무성할 창)
41. 雄飛(웅장할 웅, 날 비)
42. 寃痛(원통할 원, 아플·원통할 통)
43. 圓滿(둥글 원, 찰·풍족할 만)
44. 才媛(재주 재, 예쁠·젊은 여자 원)
45. 援助(도울 원, 도울 조)
46. 資源(재물 자, 근원 원)
47. 遠隔(멀 원, 멀·사이 뜰 격)
48. 超越(뛰어넘을 초, 넘을 월)
49. 位相(위치 위, 모양 상)
50. 偉業(훌륭할 위, 업 업)
51. 僞善(거짓 위, 착할 선)
52. 危機(위태할 위, 기회 기)

53. 委任(맡길 위, 맡길 임)

54. 慰安(위로할 위, 편안 안)

55. 營爲(경영할 영, 할 위)

56. 防衛(막을 방, 호위할 위)

57. 違反(어길 위, 반대할 반)

58. 悠久(멀 유, 오랠 구)

59. 惟獨(오직 유, 홀로 독)

60. 有效(있을 유, 효험 효)

61. 柔軟(부드러울 유, 연할 연)

62. 猶豫(머뭇거릴 유, 머뭇거릴 예)

63. 維持(오직·지탱할 유, 지닐 지)

64. 誘惑(꾈 유, 미혹할 혹)

65. 遊覽(놀 유, 볼 람)

66. 遺產(남길 유, 낳을 산)

67. 潤澤(윤택할 윤, 윤 택)

68. 恩德(은혜 은, 은덕 덕)

69. 吟遊(읊을 음, 떠돌 유)

70. 淫蕩(음란할 음, 방탕할 탕)

71. 陰謀(그늘 음, 꾀할 모)

72. 凝集(엉길·모을 응, 모을 집)

73. 宜當(마땅 의, 마땅할 당)

74. 意義(뜻 의, 뜻 의)

75. 疑問(의심할 의, 물음 문)

76. 議決(의논할 의, 정할 결)

77. 異變(다를 이, 변할·변고 변)

78. 損益(덜 손, 더할 익)

79. 仁慈(어질 인, 사랑 자)

80. 因襲(인할 인, 인할 습)

81. 引繼(당길 인, 이을 계)

82. 認識(알 인, 알 식)

83. 逸話(숨을 일, 이야기 화)

84. 賃貸(품삯·빌릴 임, 빌릴 대)

85. 剩餘(남을 잉, 남을 여)

86. 刺戟(찌를 자, 창 극)

87. 放恣(놓을 방, 방자할 자)

88. 雌雄(수컷 자, 암컷 웅)

89. 慈悲(사랑 자, 슬플 비)

90. 潛伏(잠길 잠, 감출 복)

91. 雜念(섞일 잡, 생각 념)

92. 壯烈(장할 장, 매울 렬)

93. 莊嚴(씩씩할 장, 엄숙할 엄)

94. 帳幕(휘장 장, 휘장 막)

95. 掌握(손바닥 장, 잡을 악)

96. 誇張(클 과, 베풀 장)

97. 障壁(막을 장, 바람벽 벽)

98. 獎勵(권장할 장, 힘쓸 려)

99. 貯藏(쌓을·저장할 저, 감출 장)

100. 再會(다시 재, 모일 회)

8. 재벌(財閥)

1. 財閥(재물 재, 문벌 벌)
2. 栽培(심을 재, 북돋을 배)
3. 揭載(높이 들 게, 실을 재)
4. 爭點(다툴 쟁, 점 점)
5. 低調(낮을 저, 고를 조)
6. 著述(지을 저, 지을 술)
7. 貯蓄(쌓을 저, 쌓을 축)
8. 遺蹟(남길 유, 자취 적)
9. 適當(마땅할 적, 마땅할 당)
10. 功績(공 공, 공 적)
11. 戶籍(집 호, 호적 적)
12. 痕迹(흔적 흔, 자취 적)
13. 專攻(오로지 전, 닦을 공)
14. 電波(전기 전, 진동하는 결 파)
15. 轉學(옮길 전, 배울 학)
16. 絶叫(끊을 절, 부르짖을 규)
17. 竊盜(도둑 절, 도둑 도)
18. 店鋪(가게 점, 가게 포)
19. 點檢(검사할 점, 검사할 검)
20. 接觸(댈 접, 닿을 촉)
21. 定價(정할 정, 값 가)
22. 征服(정복할 정, 복종할 복)
23. 政權(정사 정, 권세 권)
24. 貞操(곧을 정, 지조 조)
25. 訂正(바로잡을 정, 바를 정)
26. 庭園(뜰 정, 동산 원)
27. 精密(자세할 정, 빽빽할 밀)
28. 整頓(가지런할 정, 가지런히 할 돈)
29. 贈呈(줄 증, 드릴 정)
30. 制度(법도 제, 법도 도)
31. 祭禮(제사 제, 예도 례)
32. 製造(지을 제, 지을 조)
33. 交際(사길 교, 사귈 제)
34. 救濟(구원할 구, 구제할 제)
35. 弔問(조상할 조, 방문할 문)
36. 租稅(세금 조, 세금 세)
37. 組織(짤 조, 짤 직)
38. 照明(비출 조, 밝을 명)
39. 調節(고를 조, 마디 절)
40. 潮流(조수 조, 흐를 류)
41. 彫刻(새길 조, 새길 각)
42. 種族(씨 종, 무리 족)
43. 尊敬(공경할 존, 공경할 경)
44. 猝富(갑자기 졸, 부자 부)
45. 宗教(갈래 종, 종교 교)
46. 終講(마칠 종, 강론할 강)
47. 種類(종류 종, 종류 류)
48. 綜合(모을 종, 합할 합)
49. 補佐(도울 보, 도울 좌)
50. 座談(자리 좌, 이야기할 담)
51. 挫折(꺾을 좌, 꺾을 절)
52. 逃走(달아날 도, 달아날 주)

53. 周邊(둘레 주, 가 변)

54. 宇宙(하늘 우, 하늘 주)

55. 演奏(행할 연, 연주할 주)

56. 躊躇(머뭇거릴 주, 머뭇거릴 저)

57. 準備(법도 준, 준비할 비)

58. 遵守(좇을 준, 지킬 수)

59. 竣工(마칠 준, 만들 공)

60. 中繼(사이 중, 이을 계)

61. 重複(겹칠 중, 겹칠 복)

62. 症狀(병세 증, 형상 상)

63. 增加(더할 증, 더할 가)

64. 贈與(줄 증, 줄 여)

65. 證據(증거 증, 의지할 거)

66. 志願(뜻 지, 바랄 원)

67. 知覺(알 지, 깨달을 각)

68. 指紋(손가락 지, 무늬 문)

69. 紙幣(종이 지, 돈 폐)

70. 智慧(지혜 지, 지혜 혜)

71. 遲滯(더딜 지, 막힐 체)

72. 趣旨(뜻 취, 뜻 지)

73. 職場(사업 직, 장소 장)

74. 眞實(참 진, 참될 실)

75. 賣盡(팔 매, 다할 진)

76. 診療(진찰할 진, 병 고칠 료)

77. 秩序(차례 질, 차례 서)

78. 素質(바탕 소, 바탕 질)

79. 叱責(꾸짖을 질, 꾸짖을 책)

80. 桎梏(족쇄 질, 수갑 곡)

81. 執念(가질 집, 생각 념)

82. 集團(모을 집, 덩어리 단)

83. 編輯(엮을 편, 모을 집)

84. 徵收(거둘 징, 거둘 수)

85. 懲戒(징계할 징, 재계할 계)

86. 苟且(구차할 구, 구차할 차)

87. 次善(버금 차, 좋을 선)

88. 借用(빌릴 차, 쓸 용)

89. 差別(다를 차, 다를 별)

90. 捕捉(잡을 포, 잡을 착)

91. 着陸(이를 착, 뭍 륙)

92. 錯覺(어긋날 착, 깨달을 각)

93. 贊成(찬성할 찬, 이룰 성)

94. 讚辭(기릴 찬, 말 사)

95. 燦爛(빛날 찬, 빛날 란)

96. 考察(헤아릴 고, 살필 찰)

97. 刹那(짧은 시간 찰, 짧은 시간 나)

98. 參席(참여할 참, 자리 석)

99. 慘憺(참혹할 참, 두려워할 담)

100. 懺悔(뉘우칠 참, 뉘우칠 회)

9. 참람(僭濫)

1. 僭濫(조짐 참, 퍼질 람)
2. 繁昌(많을 번, 창성할 창)
3. 唱法(부를 창, 법 법)
4. 創造(비롯할 창, 지을 조)
5. 蒼空(큰바다 창, 빌 공)
6. 流暢(흐를 류, 화창할 창)
7. 採掘(캘 채, 팔 굴)
8. 彩色(채색 채, 빛 색)
9. 策略(꾀 책, 다스릴 략)
10. 排斥(밀칠 배, 물리칠 척)
11. 尺度(자 척, 법도 도)
12. 開拓(열 개, 넓힐 척)
13. 進陟(나아갈 진, 오를 척)
14. 川邊(내 천, 가 변)
15. 淺薄(얕을 천, 엷을 박)
16. 實踐(실제로 실, 밟을 천)
17. 變遷(변할 변, 옮길 천)
18. 薦擧(천거할 천, 들 거)
19. 透徹(통할 투, 통할 철)
20. 尖端(뾰족할 첨, 끝 단)
21. 添加(더할 첨, 더할 가)
22. 快晴(쾌할 쾌, 갤 청)
23. 請託(청할 청, 부탁할 탁)
24. 聽衆(들을 청, 무리 중)
25. 交替(사귈·서로 교, 발꿀 체)
26. 停滯(머무를 정, 막힐 체)
27. 體格(몸 체, 틀 격)
28. 締結(맺을 체, 맺을 결)
29. 肖像(닮을 초, 형상 상)
30. 招聘(부를 초, 찾아갈 빙)
31. 焦點(탈 초, 점 점)
32. 超越(뛰어넘을 초, 넘을 월)
33. 基礎(터 기, 주춧돌 초)
34. 促求(재촉할 촉, 구할 구)
35. 觸感(느낄 감, 닿을 촉)
36. 最强(가장 최, 굳셀 강)
37. 推薦(밀 추, 천거할 천)
38. 趨勢(향할 추, 기세 세)
39. 祝賀(빌 축, 하례 하)
40. 蓄積(모을 축, 쌓을 적)
41. 縮小(줄일 축, 작을 소)
42. 充實(채울 충, 열매 실)
43. 衝突(찌를 충, 부딪칠 돌)
44. 取得(취할 취, 얻을 득)
45. 就業(나아갈 취, 업 업)
46. 測量(헤아릴 측, 헤아릴 량)
47. 治療(다스릴 치, 병고칠 료)
48. 價値(값 가, 값 치)
49. 設置(베풀 설, 둘 치)
50. 親睦(친할 친, 화목할 목)
51. 沈黙(잠길 침, 묵묵할 묵)
52. 浸透(적실 침, 통할 투)

53. 快適(쾌할 쾌, 맞을 적)
54. 惰性(게으를 타, 성품 성)
55. 打破(칠 타, 깨트릴 파)
56. 卓越(뛰어날 탁, 넘을 월)
57. 依託(의지할 의, 부탁할 탁)
58. 彈丸(탄알 탄, 알 환)
59. 歎息(탄식할 탄, 숨 쉴 식)
60. 誕生(태어날 탄, 날 생)
61. 脫線(벗을 탈, 줄 선)
62. 探索(찾을 탐, 찾을 색(노삭))
63. 耽溺(빠질 탐, 빠질 닉)
64. 貪慾(탐할 탐, 욕심 욕)
65. 危殆(위태할 위, 위태로울 태)
66. 態度(모양 태, 법도 도)
67. 討論(칠 토, 말할 론)
68. 洞察(꿰뚫을 통, 살필 찰)
69. 統治(거느릴 통, 다스릴 치)
70. 通過(통할 통, 지날 과)
71. 退却(물러날 퇴, 물리칠 각)
72. 鬪爭(싸울 투, 다툴 쟁)
73. 特殊(특별할 특, 다를 수(벨 수))
74. 派遣(보낼 파, 보낼 견)
75. 破損(깨뜨릴 파, 덜 손)
76. 判決(판단할 판, 터질 결)
77. 出版(날 출, 판목 판)
78. 慘敗(참혹할 참, 패할 패)
79. 偏見(치우칠 편, 볼 견)
80. 斷片(끊을 단, 조각 편)
81. 評價(품평할 평, 값 가)
82. 廢墟(버릴 폐, 터 허)
83. 閉鎖(닫을 폐, 자물쇠 쇄)
84. 包圍(쌀 포, 둘레 위)
85. 恐怖(두려울 공, 두려워할 포)
86. 砲擊(대포 포, 칠 격)
87. 抱擁(안을 포, 안을 옹)
88. 爆發(불터질 폭, 쏠 발)
89. 剽竊(빼앗을 표, 훔칠 절)
90. 標準(표할 표, 수준기 준)
91. 品質(물건 품, 바탕 질)
92. 稟性(바탕 품, 성품 성)
93. 豊富(풍년 풍, 넉넉할 부)
94. 暴風(사나울 포(폭), 바람 풍)
95. 皮膚(가죽 피, 살갗 부)
96. 避暑(피할 피, 더울 서)
97. 粉筆(가루 분, 붓 필)
98. 窮乏(다할 궁, 없을 핍)
99. 逼迫(핍박할 핍, 닥칠 박)
100. 荷重(멜 하, 무거울 중)

10. 학대(虐待)

1. 虐待(몹시굴 학, 대할 대)
2. 恨歎(한 한, 탄식할 탄)
3. 旱害(가물 한, 해칠 해)
4. 汗蒸(땀 한, 찔 증)
5. 書翰(글 서, 편지 한)
6. 閑暇(한가할 한, 겨를·한가할 가)
7. 限定(한정할 한, 정할 정)
8. 割引(가를 할, 끌·당길 인)
9. 含蓄(머금을 함, 쌓을 축)
10. 陷穽(빠질 함, 함정 정)
11. 恒常(항상 항, 늘·항상 상)
12. 抗爭(막을 항, 다툴 쟁)
13. 航海(배 항, 바다 해)
14. 項目(목덜미 항, 조목 목)
15. 偕老(함께 해, 늙을 로)
16. 該當(그 해, 마땅할 당)
17. 諧謔(농지거리 해, 희롱할 학)
18. 駭怪(놀랄 해, 괴이할 괴)
19. 核心(씨 핵, 가운데 심)
20. 彈劾(탄핵할 탄, 캐물을 핵)
21. 向方(향할 향, 방향 방)
22. 鄕愁(고향 향, 근심 수)
23. 影響(그림자 영, 울릴 향)
24. 虛構(빌 허, 짤 구)
25. 獻呈(드릴 헌, 드릴 정)
26. 間歇(사이 간, 쉴 헐)
27. 險難(험할 험, 어려울 난)
28. 革新(고칠 혁, 새로울 신)
29. 懸板(달 현, 널 판)
30. 現象(나타날 현, 형상 상)
31. 絃樂(줄 현, 풍류 악)
32. 衒學(자랑할 현, 학문 학)
33. 顯著(드러날 현, 나타날 저)
34. 穴居(움 혈, 살 거)
35. 嫌惡(싫어할 혐, 미워할 오)
36. 峽谷(골짜기 협, 골 곡)
37. 挾攻(낄 협, 칠 공)
38. 亨通(형통할 형, 통할 통)
39. 刑罰(형벌 형, 벌 벌)
40. 模型(거푸집 모, 본보기 형)
41. 形象(형상 형, 형상 상)
42. 荊棘(가시나무 형, 가시나무 극)
43. 均衡(고를 균, 저울대 형)
44. 惠澤(은혜 혜, 덕택·은혜 택)
45. 互換(서로 호, 바꿀 환)
46. 呼稱(부를 호, 일컬을 칭)
47. 嗜好(즐길 기, 좋을 호)
48. 護衛(지킬 호, 호위할 위)
49. 豪傑(뛰어날 호, 뛰어날 걸)
50. 誘惑(꾈 유, 미혹할 혹)
51. 殘酷(모질 잔, 참혹할 혹)
52. 黃昏(어두울 황, 어두울 혼)

53. 混雜(섞일 혼, 섞일 잡)
54. 混濁(섞일 혼, 흐릴 탁)
55. 忽然(문득 홀, 그럴 연)
56. 弘益(클 홍, 유익할 익)
57. 紅顔(붉을 홍, 얼굴 안)
58. 和解(화목할 화, 풀 해)
59. 輪禍(바퀴 윤, 재앙 화)
60. 華麗(빛날 화, 고울 려)
61. 話題(이야기 화, 제목 제)
62. 收穫(거둘 수, 거둘 확)
63. 擴大(넓힐 확, 큰 대)
64. 丸藥(알 환, 약 약)
65. 幻想(허깨비 환, 생각할 상)
66. 病患(병들 병, 근심 환)
67. 歡迎(기뻐할 환, 맞을 영)
68. 環境(고리 환, 형편·경우 경)
69. 歸還(돌아올 귀, 돌아올 환)
70. 圓滑(원만할 원, 미끄러울 활)
71. 唐惶(두려워할 당, 두려워할 황)
72. 狀況(형상 상, 형편 황)
73. 回復(돌아올 회, 회복할 복)
74. 巡廻(두루 돌 순, 돌 회)
75. 徘徊(어정거릴 배, 노닐 회)
76. 後悔(뒤 후, 뉘우칠 회)
77. 膾炙(회 회, 고기 구울 자)
78. 誨諭(가르칠 회, 깨우칠 유)
79. 計劃(꾀할 계, 그을 획)
80. 獲得(얻을 획, 얻을 득)
81. 縱橫(세로 종, 가로 횡)
82. 效果(효험 효, 결과 과)
83. 徵候(나타낼 징, 조짐 후)
84. 濃厚(짙을 농, 두터울 후)
85. 咽喉(목구멍 인, 목구멍 후)
86. 不朽(아닐 불, 썩을 후)
87. 嗅覺(냄새맡을 후, 감각 각)
88. 訓戒(가르칠 훈, 경계할 계)
89. 毁損(헐 훼, 상할 손)
90. 携帶(가질 휴, 찰 대)
91. 胸襟(가슴 흉, 생각 금)
92. 欣快(기뻐할 흔, 시원할 쾌)
93. 痕迹(흔적 흔, 발자취 적)
94. 欽慕(공경할 흠, 사모할 모)
95. 興盛(일어날 흥, 성할 성)
96. 喜悅(기쁠 희, 기쁠 열)
97. 遊戲(놀이 유, 놀 희)
98. 稀貴(드물 희, 귀할 귀)
99. 犧牲(희생 희, 희생 생)
100. 詰難(꾸짖을 힐, 나무랄 난)

편집 위원

김승종 : 문학박사(중앙대)/시인/시집 『머리가 또 가렵다』(시와시학사 1995) 등
안양과학대 교수

이연숙 : 문학박사(중앙대)/소설가/소설집 『선물』(평민사 2010) 등
중앙대 · 안양과학대 강사

김병덕 : 문학박사(중앙대)/소설가/평론집 『한국소설의 일상성』(국학자료원 2009) 등
경기대 · 안양과학대 강사

김수정 : 문학석사(중앙대)/안양과학대 강사

한용국 : 문학박사(건국대)/시인/건국대 · 안양과학대 강사

김영범 : 박사 수료(고려대)/경원대 · 안양과학대 강사

전형철 : 박사 수료(고려대)/서울여대 · 안양과학대 강사

한세정 : 박사 수료(고려대)/시인/안양과학대 강사

김영건 : 박사 수료(고려대)/안양과학대 강사

이하나 : 박사 수료(고려대)/방송작가/한세대 · 안양과학대 강사

박정우 : 박사 수료(중앙대)/소설가/중앙대 · 안양과학대 강사

장두식 : 문학박사(단국대)/단국대 · 안양과학대 강사

창의 사고와 표현

2011년 2월 25일 초판1쇄 발행
2013년 9월 5일 수정3쇄 발행

저 자 김승종 · 전형철 · 한세정 · 김영건
펴낸이 임 순 재
펴낸곳 **한올출판사**
등록 제11-403호
121-849
주 소 서울시 마포구 성산동 133-3 한올빌딩 3층
전 화 (02)376-4298(대표)
팩 스 (02)302-8073
홈 페 이 지 www.hanol.co.kr
e-메 일 hanol@hanol.co.kr
정 가 9,500원

저자와의
협의하에
인지생략

■ ISBN 978-89-94948-05-8